나폴레온 힐의 성공 철학

부와 성공으로 가는 14가지 길

나폴레온 힐의
성공 철학

나폴레온 힐 지음 · 김송호 옮김

SUCCESS-DISCOVERING THE PATH TO RICHES

국일미디어

"20년 동안 성공과 실패의 원인을
연구할 수 있겠소?
아무런 보수도 받지 않고 말이오!"

"네, 하겠습니다."

나폴레온 힐은 앤드류 카네기의 제의에 망설임 없이 29초만에 대답했다. 카네기는 뜸들이지 않고 1분 안에 대답하는지, 무보수라도 일을 하겠다고 하는지를 테스트했는데 250명 중에서 나폴레온 힐만이 카네기의 테스트를 통과했다.

카네기는 나폴레온 힐에게 세계 최대의 거부들과 성공한 사람들을 소개하며 그들의 성공 비법을 연구하도록 했다.

그 결과 나폴레온 힐은 20년 후에 어떻게 되었을까? 그 노력의 대가로 어떤 보상을 받았을까?

성공 철학에 대한 강의, 강연을 통해 평범한 사람도 부와 성공의 길로 이끄는 성공학의 거장이 되었고, 전 세계적으로 성경 다음으로 많이 팔린 《놓치고 싶지 않은 나의 꿈 나의 인생》, 7000만 부의 판매를 기록한 《생각하라! 그러면 부자가 되리라》 등을 비롯한 수많은 명작을 남김으로 상상할 수 없는 부의 반열에 오르고 성공 철학의 대가가 되었다.

누구나 성공할 수 있다

우리는 모두 성공하기를 바란다. 그리고 부자가 되기를 바란다. 그러면서도 성공하고 부를 얻기 위해 쏟아야 하는 노력과 정성, 그리고 그 과정에서 겪게 되는 고난과 역경 등은 생각하지 않는다. 그런 과정 없이, 아무런 대가도 없이 하루아침에 성공하고 부자가 되기를 바라는 것이다. 하지만 저절로 되는 것은 없다.

그렇다면 어떻게 해야 성공하고 부자가 될 수 있을까?

당신이 성공을 어떻게 정의하는지 모르겠지만, 나는 이렇게 정의한다.

"성공은 어떤 사람의 긍정적이고 건설적인 품성으로 인해, 과거와 현재, 그리고 미래에 수많은 주위 사람들에게 행복과 기쁨을 가져다주고, 가져다 줄 행동과 생각의 총합이다."

어떤 사람은 주위 사람들의 삶에는 관심이 없고 나만 잘먹고 잘살면 된다고 생각하기도 한다. 다른 사람에게 행복, 친절, 따스함을 주지 못하고, 성공의 기쁨도 함께 나누지 않는다. 심지어 내가 잘살기 위해 다른 사람의 것을 빼앗고 그들에게 고통, 낙담, 불행을 가져다 주기도 한다. 하지만 그렇게 해서 얻은 성공과 부가 과연 무슨 의미가 있을까?

만약 당신이 주위 사람들을 웃음 짓게 만들고, 주위 사람들을 기쁘게 하는 고운 인성과 마음씨를 가졌고, 삶이 아름답다는 생각을 다른 사람들에게 전하고, 비난과 미움, 두려움, 낙담 등을 마음속에서 몰아내고 그 자리를 사랑으로 채운다면, 당신은 성공할 가능성이 크다.

돈은 성공의 척도가 아니다. 만약 돈을 모으는 과정에서 행복과 선행이 동반되지 않는다면 돈은 불행의 씨앗이 될 것이다.

나는 과거 수년 동안 내 동료들에게 봉사할 기회를 가졌는데 그로 인해 얻은 기쁨과 환희는 세상 어떤 물질적 풍요보다 훨씬 더 높은 가치가 있다고 생각한다.

돈이 많으면 행복하다고 생각하고 돈을 많이 버는 것에 삶의 목표를 두는 사람이 많다. 그렇다면 얼마만큼의 돈이 있어야 행복할까? 단언컨대 그 사람은 절대 행복할 수 없다. 돈은 사람의 마음을 만족시킬 수 없기 때문이다.

행복은 물질적인 무언가를 획득함으로써가 아니라 선행을 행함으로써 얻어지는 것이다. 소유가 아닌 행함으로 기쁨과 행복을 얻을 수 있다는 확실한 진리를 깨닫기 바란다.

성공으로 가는 길은 외길이며, 인간에 대한 봉사라는 위대한 분야를 통해서만 도달할 수 있는 길이다. 그 외의 다른 길은 결코 성공으로 이어지지 못한다.

나는 작년보다 올해 더 행복해지고 싶다. 그러려면 더 많은 재물을 획득하고 더 성공하려고 할 게 아니라 다른 사람들을 위해 더 많이 봉사하고, 내 가족과 친구들에게 더 큰 행복을 주어야만 한다.

이 방법말고 다른 방법은 없다. 성공과 부를 얻기 위해 돈 버는 방법을 고안하고 의지하는 어리석음을 범치 말기 바란다. 돈 자체가 행복을 주지 않는다. 돈을 많이 버는 것이 성공이 아니다. 돈을 어떻게 쓰느냐에 따라 행복할 수도 그렇지 않을 수도 있는 것이다. 돈을 어떻게 쓰느냐에 따라 그가 성공을 했는지 아닌지를 알 수 있는 것이다.

성공하면 부가 따라오지만, 많은 사람이 생각하는 그런 종류의 부가 아니다. 진정한 부자, 진정한 성공자는 다른 사람에게 베푼 봉사와 사랑, 선행으로부터 오는 행복과 마음의 평화가 가득한 사람이다.

여러분 모두 부자가 되고 성공할 수 있지만 돈만 많은 사람, 다른 사람을 밟고 올라간 성공이 아닌 진정한 부자, 진정한 성공자가 되길 바란다.

나폴레온 힐

진정한 부자, 진정한 성공자가 되고 싶다면

성공에 대해 말한다고 하면 대부분의 사람은 돈에 대해 얘기할 것이라 생각한다. 대부분 돈을 많이 가진 사람을 성공한 사람이라고 여기기 때문이다. 하지만 부자를 성공한 사람이라고 할 수는 없다. 성공한 사람 중에 부자가 있을 수도 있지만 말이다. 성공에 있어서 돈은 일부분일 뿐이다.

이 책에서는 성공의 한 요소인 부에 대해 설명하며, 진정한 부란 무엇인지에 대해 알아볼 것이다. 그리고 가족, 친구, 건강과 같은 다른 중요한 요인들이 성공에 더 큰 영향을 준다는 것에 초점을 맞출 것이다.

1937년에 《놓치고 싶지 않은 나의 꿈 나의 인생(Think and

Grow Rich)》을 출간했을 때 표지에는 '가난을 저주하는 사람들을 위해'라는 구절이 쓰여 있었다. 하지만 재쇄시에는 이 구절을 없애고, 그 자리에 '성공 철학 최고의 바이블'이라고 표기했다.

《놓치고 싶지 않은 나의 꿈 나의 인생》이라는 책은 제목 그 자체가 매력적이다. 그 책이 쓰여질 당시 미국은 전국적으로 대공황을 겪고 있었으며, 생존의 길을 찾아 헤매고 있었다. 이 책을 읽었던 독자들은 경제적인 상황만 바꿨던 게 아니라 우울한 시기를 벗어날 희망을 갖게 되었다.

나폴레온 힐이 독자들에게 물질적인 성공을 성취하는 방법을 알려주고자 했던 것은 틀림없는 사실이다. 그러나 그와 동시에 성공을 이루는 다른 방법들에 대해서도 폭넓게 알려주고자 했다.

나폴레온 힐은 성공한 사람들에 대해 연구하는 데 일생을 바쳤다. 어떤 사람은 성공하는데, 어떤 사람은 성공하지 못하는지 그 이유를 파헤치고자 했다. 그는 성공한 사람 500명 이상을 인터뷰를 하면서 이 질문에 대한 답을 얻었다. 나폴레온 힐은 성공하지 못했다고 여겨지는 수천 명의 사람들과도 인터뷰를 했다. 그는 종종 성공한 사람들과의 인터뷰보다는 성공하지 못한 사람들과의 인터뷰를 통해 더 많은 것을 배웠다고 말하곤 했다.

수년에 걸친 인터뷰와 연구를 통해 나폴레온 힐은 성공한 사람들이 공통된 특성을 갖고 있고, 동일한 원칙을 실천하고 있다는 사실을 발견했다. 그는 1928년에 그의 첫 책인《나폴레온 힐 성공의 법칙(The Law of Success)》에 그 원칙을 소개했다. 이 책은 여덟 권 세트로 구성되어 있고, 각 권에는 두 가지 성공 원칙이 기술되어 있다.

나폴레온 힐은 이 책에 쓰인 원칙들을 '성공적인 삶의 방법에 대해 조금이라도 알고자 하는 사람들을 위해서 만들어 놓은 코스'라고 불렀다. 그는 이 코스를 통해 두 가지 목적을 이루고자 했다. 독자들이 그들의 약점을 찾아내는 데 도움을 주고, 그 약점들을 교정하는 방법에 대한 계획을 세우는 데 도움을 주고자 했다.

성공에 방해가 되는 많은 요소 중 몇 가지는 다음과 같다.

- 탐욕
- 옹졸함
- 시기심
- 복수심
- 이기심

성공하기 위해서는 어느 누구라도 반드시 따라야할 단계가 있다. 우선 명확한 중점 목표, 즉 주요 목적을 확립해야 한다. 명확한 중점 목표는 당신이 이루고자 하는 목표로, 한 번에 한 가지 과업에 당신의 재능과 노력을 집중할 수 있도록 해준다. 명확한 중점 목표 설정은 쓸데없는 데 시간과 에너지를 낭비하지 않도록 도움을 준다.

이것이 《나폴레온 힐 성공의 법칙》에서 제시한 열여섯 가지 원칙 중 두 번째 원칙에 해당된다. 그리고 이 책에서 초점을 맞추고자 하는 주제이기도 하다.

《나폴레온 힐 성공의 법칙》에서 언급된 다른 열다섯 가지 성공의 원칙은 아래 기술된 바와 같다. 이 성공의 원칙은 삶에서 성공을 성취하는 데 도움을 줄 것이다.

마스터 마인드(Master Mind) 원칙은 첫 번째로 제시된 원칙으로 당연히 가장 중요하다. 이 원칙은 두 사람 이상이 공통의 목표를 이루기 위해 동반자로서 조화롭게 협력해야 한다는 것이다. 이 원칙은 대부분의 경우 절묘하게도 '마스터 마인드'를 만들어낸다. 마스터 마인드는 부분들의 전체 총합이 각각의 단순 합보다 크게 되도록 만든다. 즉 여러 사람이 협력해서 일하면 각 개인의 능력의 단순

합보다 더 큰 성취를 이룰 수 있다는 것을 의미한다.

자신감은 누구나 대면하게 되는 가난, 노화, 질병, 비난, 사랑의 상실, 죽음에 대한 두려움 등을 극복하는 데 도움을 준다. 자신감은 이기심과 진정한 자기 확신의 차이를 가르쳐준다. 진정한 자기 확신은 활용 가능한 자신의 확실한 기술과 지식을 기반으로 하여 형성된다.

저축하는 습관은 돈을 어떻게 분산해서 사용해야 하는지를 알게 해준다. 저축은 비상시를 대비하거나 투자에 필요한 자금을 비축하게 해준다. 저축하는 습관을 들이지 않고 금전적인 성공을 이루는 것은 불가능하다.

개인의 주도권과 리더십은 성공하기 위해 반드시 개발해야 할 속성이다. 어떤 환경에서도 기꺼이 리더십을 발휘하고 주도적으로 행동한다면, 훨씬 쉽게 성공을 거머쥘 수 있을 것이다.

상상력은 마음을 자극해서 새로운 아이디어를 받아들이도록 하고, 삶의 명확한 목표를 성취하게끔 도울 계획을 개발하도록 한다.

열정은 유쾌한 성품의 토대로써, 성공에 이르도록 불을 지피는 중요한 자산이다.

자제력은 부를 원하는 사람에게 절대적으로 필요하다. 자제력은 저축하는 습관과 직결된다. 재정적으로 부자가 되려면 돈에 대한 자제력을 가져야만 한다. 자제력이 없는 사람은 돈을 흥청망청 함부로 쓰고 필요치 않은 곳에 낭비함으로 밑 빠진 독에 물붓기처럼 돈이 들어와도 남는 것이 없게 된다. 결국 다른 사람에게 조정 당하는 처지로 내몰리게 된다.

보수를 받은 것 이상으로 일을 해야 한다. 이 원칙을 실행하면 일일이 남의 간섭을 받지 않고 일을 할 수 있고, 더 나아가 군계일학이 될 수 있다.

유쾌한 성품은 세일즈맨에게 꼭 필요한 성품이다. 우리는 제품이 됐든 서비스가 됐든 무언가를 판다. 어느 분야에서건 성공하기 위해서는 뛰어난 세일즈맨이 되어야 하는데, 그 기초가 되는 것이 유쾌한 성품이다.

정확한 사고도 성공 가도를 가는 데 도움을 준다.

집중은 한 번에 오직 한 가지 일에만 매달리는 능력이다. 성공하길 바란다면, 목표를 성취하는 데 도움이 되는 말과 행동, 생각을 해야 한다. 다른 것에 마음을 빼앗기지 말고, 다른 것에 눈 돌리지 말고 목표를 향해 집중해서 나아가야 한다.

협력은 성공을 성취하는 데 필요한 또 하나의 단계다. 협력은 다른 사람들과 조화롭게 일하는 능력을 말한다.

실패로부터 배우기는 실수를 통해 배울 수 있는 능력을 말한다. 이 능력은 일이 잘못됐을 때 다시 시작할 수 있게 해주고, 문제에 대한 다른 해결책을 찾을 수 있도록 해준다.

관용은 인종적, 종교적 편견으로 인해 생기는 재앙적인 결과를 막을 수 있도록 해준다. 어리석은 논쟁은 마음을 다치게 해서 이성적으로 사고하는 것을 막아 버린다. 무관용은 수백만 명의 사람들로 하여금 어리석은 논쟁에 빠져 들어 실패를 자초하도록 한다. 무관용은 친구를 적으로 만들고, 기회를 날리고, 마음속에 의심과 불신을 가득 채운다. 그러므로 관용을 베풀어야 한다.

"너희가 대접을 받고자 하는 대로 너희도 남을 대접하라"는 황금률은 개인이나 그룹으로부터 조화로운 협력을 이끌어내도록 도움을 줄 것이다. 고통과 가난에 빠진 수많은 사람의 실패 원인 중의 한 가지가 바로 이 황금률 원칙을 지키지 못했기 때문이다.

황금률을 이해하지 못하는 사람은 종종 황금률이 작용하지 않는다고 주장한다. 그들은 보복의 법칙에 불과한 '눈에는 눈, 이에는 이'라는 정도로 가볍게 생각한다. 하지만 그들이 사고의 틀을 한 단계만 더 뛰어넘어도, 황금률이 주는 긍정적인 효과의 파급력을 깨달을 수 있을 것이다.

《나폴레온 힐의 성공 철학》은 나폴레온 힐의 연구 결과를 정리하고 편집해서 실었다. 앞서 기술한 열여섯 가지 성공의 원칙과 더불어 부자가 되기 위한 비결을 설명했다. 당신이 성취하고자 하는 부로 가기 위한 길을 실례를 들어 설명하고 있다.

첫 번째 장에서는 진정한 행복을 누리고 진정한 부자가 되려면 다른 사람을 도우라고 강조한다. 다른 사람을 돕는 것은 내가 손해를 보고 다른 사람이 이득을 얻는 것처럼 보이지만 실제로는 나와 다른 사람 모두를 위한 일이다. 다른 사람을 도울 때 내가 더 많은 것을 얻을 수 있다.

2장에서는 비즈니스에서나 삶에서 리더가 되고 싶다면 목표와 계획을 철저하게 세워야 함을 설명하고 있다. 계획의 중요성과 어떻게 계획을 세워야 하는지에 대한 영감을 줄 것이다.

3장에서는 포기하지 말고 꿈을 향해 나아갈 것을 강조한다. 《야성의 부름(The Call of the Wild)》이라는 책을 비롯한 많은 베스트셀러 소설을 쓴 잭 런던(Jack London)이라는 미국의 소설가는 무수히 많은 고난을 겪었다. 하지만 포기하지 않고 도전하고, 고난을 극복한 덕에 1900년대 초에 책 인세로 매년 75,000달러를 받을 정도로 성공할 수 있었다.

4장에서는 통제된 집중력에 대한 성공 원칙을 설명한다. 우드로 윌슨(Woodrow Wilson) 대통령과 토마스 에디슨(Thomas Alva Edison), 엘머 게이츠(Elmer Gates), 알렉산더 그레이엄 벨(Alexander Graham Bell)이 이룩한 성취에 대해 상세히 기술하고 있다. 그들이 이 성공 원칙을 활용해서 어떻게 위대한 성공을 성취했는가를 설명하고 있다.

5장에서는 시간 사용에 대한 계획을 세우고, 그 계획을 잘 실천해야 한다고 강조한다. 시간 배분이 금전적 부 뿐만 아니라 가족

전체의 행복에도 어떻게 영향을 미치는지 보여주고 있다.

6장에서는 비즈니스나 직업에서 재정적 부를 얻으려면 팀워크가 중요하다는 점을 강조하고 있다. 또한 행복하고 조화로운 가족의 삶을 통해 부를 성취하려고 해도 역시 팀워크가 필요하다고 설명하고 있다.

7장은 황금률에 대한 설명이다. 남을 돕는 것이 곧 나에게도 도움이 되는 것임을 설명하고 있다. 이 성공 원칙을 잘 활용한 대표적인 사람 에디슨의 성공 스토리가 소개되어 있다.

8장에서는 끌어당김의 힘에 대해 집중적으로 설명하고 있다. 간절하게 원하면 이루어지듯이 걱정과 두려움에 싸여 있으면 그 일이 실제로 일어난다. 긍정적 또는 부정적 심리상태가 끌어당김의 힘과 상호작용하여 어떻게 성공이나 실패로 귀결되는지 설명하고 있다.

9장은 긍정적 마음 자세에 대한 설명이다. 모든 것은 마음 먹기 나름이다. 부정적인 마음을 버리고 긍정적인 마음을 갖는 것이 부와 성공에 이르는 길이다.

10장은 어떻게 돈을 사용하는 것이 가치있는 것인지에 대한 설명이다. 자선사업은 물질을 나눠준 사람이나 받은 사람 모두를 행복하게 만든다. 나폴레온 힐이 평생 동안 성공의 원칙에 대해 연구하면서 만났던 대부분의 부자들은 자선사업을 통해 진정한 부와 마음의 평화를 얻은 사람들이었다.

11장에는 성공을 성취함에 있어서 운의 역할에 대한 제임스 알렌(James Allen)의 멋진 에세이가 소개되어 있다. 짐작하겠지만, 운은 성공 성취에 아무런 기여도 하지 못한다. 공짜로 얻어지는 것은 없다. 내가 노력해서 얻어야 한다.

12장에서는 잠재의식에 습관을 새겨 넣는 자기암시에 대해 논하고 있다. 잠재의식 속에 새겨진 생각은 그에 대응하는 가시적인 실체를 만들어낸다. 부와 성공을 성취하기 위해서 자기암시를 어떻게 활용해야 하는지에 대해서 상세히 설명하고 있다.

13장에서는 부를 성취함에 있어서 믿음의 중요성에 대해 설명하고 있다. 또한 믿음의 원칙이 다른 성공 원칙들과 어떻게 상호작용하는지에 대해서도 설명하고 있다. 나폴레온 힐은 믿음이 종교적인 신념일 필요는 없다고 주장한다. 오히려 믿음은 목표에 대한 신념, 자신감, 확신, 확언과 더불어 목표를 이루기 위한 행동이 따르는 것을 의미한다. 믿음을 통해 성공에 이른 대표적인 예로 라이트 형제(Wright Brothers), 크리스토퍼 콜럼버스(Christopher Columbus), 알버트 아인슈타인(Albert Einstein) 등을 소개하고 있다.

마지막 장인 14장에서는 자제력의 원칙에 대해 설명하고 있다. 어떤 사람들은 자제력의 원칙이야말로 성공에 이르는 마스터 키라고 여긴다. 왜냐하면 자제력 없이는 다른 모든 성공의 원칙들을 지켜나갈 수 없기 때문이다. 자제력과 다른 원칙들의 상호관계에 대해서도 설명하고 있다.

여러분이 성공하려면, 진정한 부자가 되고 싶다면 이 책을 잘 활용하기 바란다. 이 책이 여러분이 원하는 성공으로, 진정한 부의 길로 이끌어줄 것이다.

돈 M. 그린 (나폴레온 힐 재단 전무이사)

· 차례 ·

프롤로그 ⋯⋯⋯⋯⋯⋯⋯⋯⋯⋯⋯⋯⋯⋯⋯⋯⋯⋯⋯⋯⋯⋯⋯⋯⋯⋯⋯ 006

머리말 ⋯⋯⋯⋯⋯⋯⋯⋯⋯⋯⋯⋯⋯⋯⋯⋯⋯⋯⋯⋯⋯⋯⋯⋯⋯⋯⋯⋯ 010

1장　헌신, 봉사 ⋯⋯⋯⋯⋯⋯⋯⋯⋯⋯⋯⋯⋯⋯⋯⋯⋯⋯ 024
　　　대가를 바라지 말고 다른 사람을 도우라

2장　철저한 계획과 목표 ⋯⋯⋯⋯⋯⋯⋯⋯⋯⋯⋯ 036
　　　목표와 계획을 실행하는데 모든 노력을 집중하라

3장　꿈, 도전 ⋯⋯⋯⋯⋯⋯⋯⋯⋯⋯⋯⋯⋯⋯⋯⋯⋯⋯⋯ 046
　　　포기하지 말고 꿈을 향해 나아가라

4장　통제된 집중력 ⋯⋯⋯⋯⋯⋯⋯⋯⋯⋯⋯⋯⋯⋯⋯ 058
　　　집중하면 원하는 것을 얻을 수 있다

5장　시간 배분 ⋯⋯⋯⋯⋯⋯⋯⋯⋯⋯⋯⋯⋯⋯⋯⋯⋯ 072
　　　돈보다도 시간을 더 아껴야 한다

6장　팀워크 ⋯⋯⋯⋯⋯⋯⋯⋯⋯⋯⋯⋯⋯⋯⋯⋯⋯⋯⋯ 086
　　　협동하지 않고는 아무것도 얻지 못한다

7장　황금률 ⋯⋯⋯⋯⋯⋯⋯⋯⋯⋯⋯⋯⋯⋯⋯⋯⋯⋯⋯ 102
　　　대접을 받고자 하는 대로 남을 대접하라

8장 끌어당김의 힘 ···································· 116
두려워하지 말라. 간절히 원하면 이루어진다

9장 긍정적 마음 자세 ···························· 128
긍정적 마음자세가 성공을 이루는 키포인트다

10장 돈의 가치 ······································ 142
돈을 버는 것보다 가치있게 사용하는 것이 더 중요하다

11장 행운 ··· 150
요행을 바라지 말라. 모든 것은 노력의 대가다

12장 자기암시 ····································· 158
자기암시를 통해 한계를 뛰어넘으라

13장 믿음 ··· 174
믿으면 능치 못함이 없다. 믿고 나아가라

14장 자제력 ··· 188
자제력 없이는 아무것도 이룰 수 없다

맺음말 ··· 210

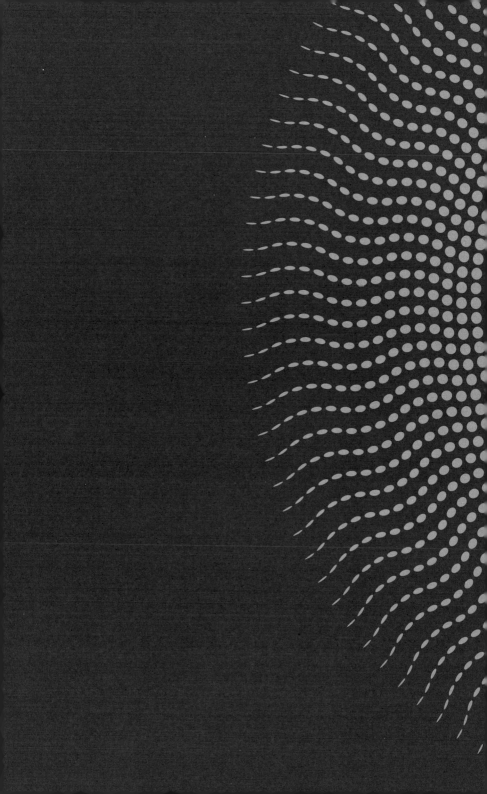

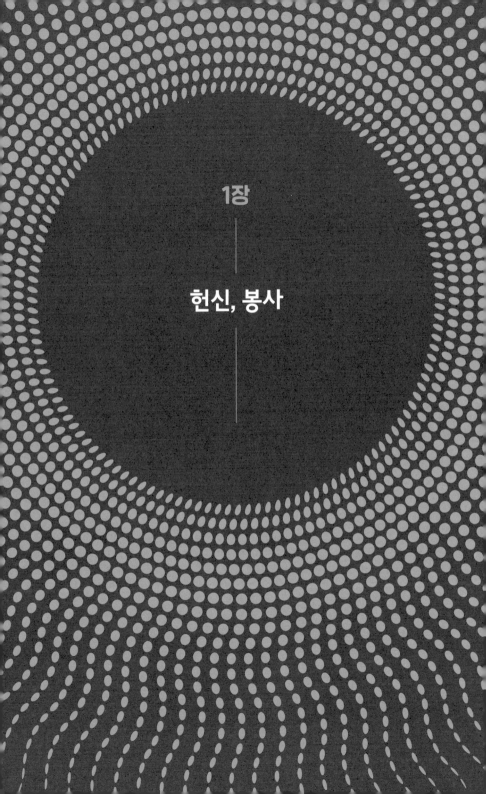

1장

헌신, 봉사

돈을 벌기 위해서 일하는 사람보다

다른 사람을 돕기 위해

열심히 일하는 사람이 더 크게 성공한다.

_ 나폴레온 힐

대가를 바라지 말고
다른 사람을 도우라

일생 동안 쌓을 수 있는 부의 양은 그가 도와준 사람의 수에 비례한다. 자신의 손을 움켜 쥐고 있는 사람의 손에는 더 이상 돈이 쌓이지 않는다. 내 손에 있는 것을 베풀고 나눌 때 더 많은 돈이 쌓이는 법이다.

어떤 사람은 돈이 곧 부라고 믿는다. 그러나 넓은 의미에서 부는 물질적인 부와 다른 많은 가치들을 포함하고 있다. 어떤 사람은 돈이 행복을 가져다 준다고 믿는다. 하지만 나는 다른 무형의 가치를 더하지 않고 돈만 소유했다면 결코 행복할 수 없다고 생각한다.

나는 자신이 가진 물질로 인해 완전하고 충만한 행복을 느끼는 사람만이 진정한 부자라고 생각한다. 아무리 많은 것을 가졌어도 부족하다고 생각하고 만족하지 못하며 더 가지려고 발버둥친다면 그는 가난한 사람이고, 가진 것이 많지 않아도 감사히 여기며 이웃들과 함께 나누며 행복을 느낀다면 그는 진정한 부자인 것이다.

"학생이 준비되면 선생님이 나타날 것이다"라는 격언을 들어 봤을 것이다. 여러분은 부를 받을 준비가 되었는가? 부는 받을 준비가 된 사람에게 선물처럼 찾아온다.

그렇다면 부를 받을 준비란 무엇일까? 여러 가지가 있지만 제일 중요한 것은 마음 자세다.

왜냐하면 마음 자세가 그 사람의 생각, 목표, 목적을 조절하기 때문이다. 두려움, 걱정, 의심도 마음 자세에 따라 달라진다.

수많은 사람이 지적했듯이, 긍정적인 마음 자세(PMA, positive mental attitude)는 물질적인 부와 무형적인 부를 포함한 모든 부의 출발점이다.

긍정적 마음 자세는 부와 아주 친밀한 관계를 갖고 있다. 긍정적 마음 자세를 가질 때 부는 자연스럽게 따라오고 미래의 성취에 대한 희망도 갖게 된다. 자연 속에 존재하는 걸작들, 즉 밤하늘에 빛나는 별, 아름다운 자연 풍경, 머나먼 지평선 등의 아름다움을 마음에 담을 수 있는 여유로움도 갖게 도와준다.

긍정적인 마음 자세는 나의 환경이 어떠하든 감사함으로 받아들이게 하고, 나와 함께 하는 사람들을 사랑하고 돕게 한다. 우호적인 협력의 정신으로 모든 구성원이 함께 일하면서 조화로운 관계를 맺도록 해준다. 또한 건강한 몸과 마음과 정신을 갖도록 해준다. 온전한 정신 건강은 신체적 건강을 유지하도록 해주는 기초가 된다.

긍정적 마음 자세는 어떤 일을 시작하는 동기를 유발하고 다른 사람들을 돕는 방법을 찾도록 영감을 준다. 이것이야말로 인간 영혼이 도달할 수 있는 가장 높은 경지라고 할 수 있다.

모든 역경은 그 안에 그 역경보다 더 큰 희망의 씨앗을 내포하고 있다. 마일로 존스(Milo Jones)는 다른 사람에 대한 봉사를 통해 역경을 극복하고 부를 획득한 아주 좋은 예를 보여주고 있다.

마일로 존스는 농부였는데, 밭에서 일을 하던 어느날 갑자기 몸이 마비되기 시작했다. 증상은 점점 심해져 일어날 수도, 걸을 수도 없게 되었다. 그는 오직 침대에 누워있을 뿐 조금도 움직이지 못했다.

하지만 그는 절망하지 않고 어떻게 하면 이 상황을 극복하고 가족을 부양할 수 있을지에 대해 생각하고 또 생각했다.

> 당신이 대가를 생각하지 않고 최선을 다한다면,
> 보상 상승의 법칙(The Law of Increasing Returns)에 따라
> 그에 상응하는 보상을 받게 될 것이다.

그러던 중 어머니가 만들어 주던 수제 소시지가 생각났다. 그는 가족과 이웃을 위해 건강하고 맛있는 소시지를 만들어 팔 것을 결심하고 사업을 시작했다. 화학첨가물 없이 소시지를 만든 덕분에 그는 미국을 대표하는 아침식사용 소시지 생산자가 될 수 있었다.

그는 절망적인 상황에서도 포기하지 않고 가족 부양할 생각을 하고 계획을 세우는 데 마음을 쏟았다. 그리고 어떤 일이 다른 사람에게 도움이 되는 일인지 생각해 냈고 그 덕분에 부자가 된 것이다.

살아가면서 최상의 것들을 많이 누리며 살고 싶은 것이 인간의 자연스런 욕망이다. 하나를 가지면 두 개를 갖고 싶어하는 것이 사람의 마음이기에 원하는 것이 점점 많아지는 것이다. 많은 사람이 돈을 통해서 경제적 안정과 자유 그리고 편안한 삶을 살기를 원한다.

그런데 우리가 돈을 벌려면 먼저 다른 사람을 위해 일을 해야 한다. 진심이 담긴 그리고 다른 사람을 편하게 하는 서비스를 함으로써 그 서비스에 대한 대가로 돈을 벌어야 한다.

지속적으로 부를 얻는 확실한 방법은 타인에게 탁월한 서비스, 최상의 서비스를 제공하는 것이다. 그러나 많은 사람이 돈에 우선적인 목표를 설정하고 서비스는 후순위로 설정한다. 하지만 그렇게 하는 사람은 부자가 될 수 없다.

가능한 모든 방법을 다 동원해서 다른 사람들에게 최상의 서비스를 제공하겠다는 마음으로 사업을 해야 성공할 수 있다.

《놓치고 싶지 않은 나의 꿈 나의 인생》은 내가 수년간 500명이 넘는 최고 부자들과 성공한 사람들을 분석하여 알게된 성공 철학을 기록한 책이다. 그 비결은 25여년 전에 앤드류 카네기가 나에게 전해준 것이다. 나는 책에서 100번도 넘게 언급했지만 그 비결의 명칭을 직접적으로 언급하지는 않았다. 왜냐하면 그 비결을 찾을 준비가 되어 있으면서, 또 그 비결을 실제로 찾는 사람에게는, 찾을 수 있는 곳에 보이도록 놔두는 것이 더 나을 것 같아서다. 바로 그 이유 때문에 카네기가 그 비결을 나에게 비밀리에 전해준 것이다.

만약 당신이 그 비결을 실천할 준비가 되어 있다면, 각 장마다 최소 하나 이상의 비결을 찾아낼 수 있을 것이다. 당신이 그 비결을 받을 준비가 됐을 때 그걸 찾아내는 방법을 당신에게 말해줘야겠다는 생각도 해보았다. 하지만 그렇게 되면 당신 스스로 그 비결을 찾아낼 때 누릴 수 있는 보다 더 많은 혜택을 내가 빼앗는 셈이 되는 것이다.

세상에 공짜로 얻어지는 것은 없다. 내가 언급한 비결도 대가를 치르지 않고는 가질 수 없다. 물론 대가는 그 비결로부터 얻을 수 있는 가치에 비하면 비교할 수도 없을 만큼 적지만 말이다.

하지만 그 비결을 찾으려고 노력하지 않는 사람은 비록 큰 대가를 치르더라도 비결을 찾을 수 없을 것이다.

그 비결은 돈으로 살 수 있는 게 아니다. 그 비결은 두 부분으로 나뉘어 있는데, 그 비결을 얻기 위해서는 그 중 한 부분을 미리 갖고 있어야 한다.

그 비결을 찾을 준비가 되었는가? 타인에 대한 서비스가 그 비결을 알아내는 데 확실한 도움을 줄 것이다.

그렇다. 비결을 찾기 위해 미리 갖고 있어야 하는 필수조건이 바로 다른 사람을 돕는 마음이다.

66

유용한 아이디어는 대가를 바라지 않고
더 좋은 서비스를 베풀기 위해
노력하는 사람들에 의해 만들어진다.
받은 대가 정도만 서비스하는 사람들에 의해
유용한 아이디어가 만들어지는 경우는
거의 없다.

99

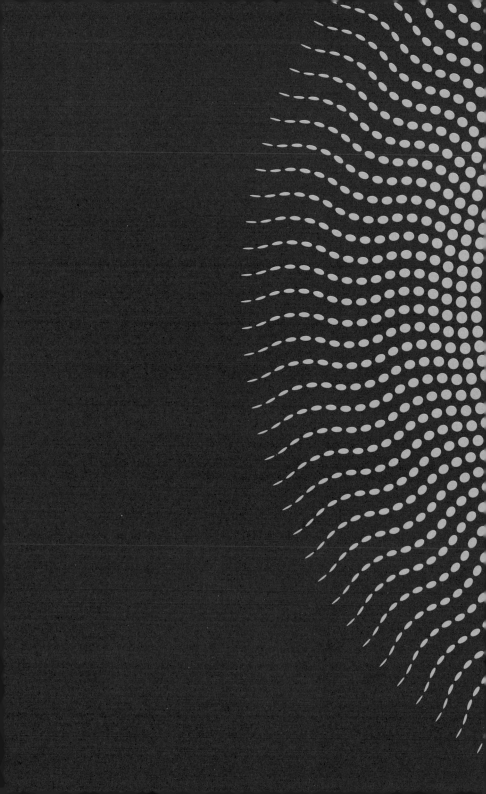

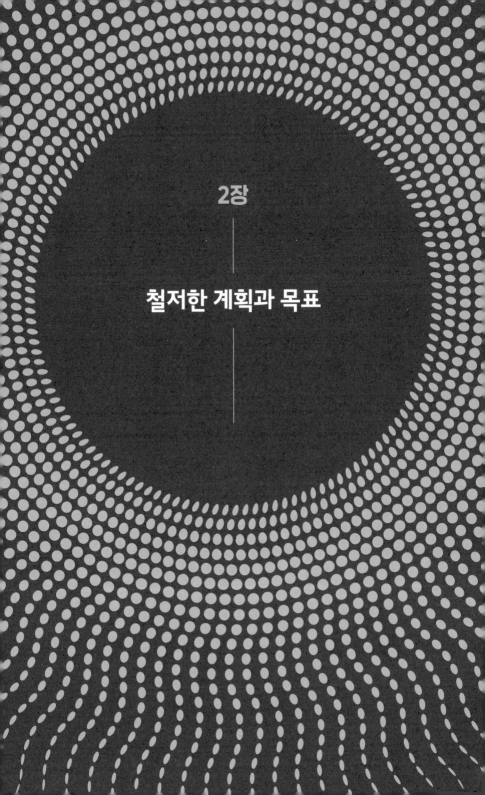

2장

철저한 계획과 목표

어떤 목표를 세우고 그것을 꼭 이루고자 하는
열망에 불타는 사람이라면
그 목표를 이룰 수 있는 방법이나 길을 찾게 되고
그 목표를 반드시 이루게 될 것이다.

_ 나폴레온 힐

목표와 계획을 실행하는데 모든 노력을 집중하라

명확한 중점 목표를 설정하고 일하는 습관을 가진 사람은 신속한 결정을 할 수 있다. 명확한 중점 목표를 설정하는 습관은 사업 뿐만 아니라 인생의 모든 일에 도움을 줄 것이다. 마음속에 명확한 중점 목표를 정하게 되면, 어떤 과업에 맞닥뜨렸을 때 모든 노력을 거기에 집중하게 한다.

명확한 중점 목표 설정과 집중하기는 떼려야 뗄 수 없는 두 가지 특성이다. 이 특성은 크게 성공한 사람들에게서 항상 공통적으로 발견되는 특성으로, 이 특성은 서로 도움을 주고받는 관계에 있다.

성공한 사람은 한 번에 한 가지 명확한 중점 목표에 집중하면서 신속한 결정을 내린다. 예를 들어 F. W. 울워스(Woolworths)는 가장 큰 체인업체인 파이브앤텐센트 스토어(Five and Ten Cent store)를 열려고 준비할 때 오직 한 가지 과업만 마음속에 담았다. 윌리엄 리글리 주니어(William Wrigley Jr.)는 재산을 모을 때까지 껌 판매라는 한 가지 아이디어에만 집중했다. 에드윈 바네스(Edwin C. Barnes)는 에디슨의 파트너가 되겠다는 하나의 명확한 중점 목표에만 집중해서 결국 에디슨의 유일한 비즈니스 파트너가 되었다. 이와 유사하게 아브라함 링컨(Abraham Lincoln), 헨리 포드(Henry Ford), 앤드류 카네기(Andrew Carnegie), 조지 이스트먼(George Eastman) 등은 그들의 노력을 한 가지 목표에 집중하는 법을 알았기 때문에 성공할 수 있었다.

물론 고난과 역경이 올 수도 있다. 하지만 가난, 실패, 낙담, 불행, 그리고 다른 부정적인 생각에 집중하면 실제로도 그런 나쁜 상황은 계속되고 거기에서 빠져나올 수가 없다.

현재 상황이나 조건보다 당신의 꿈이 당신을 성공의 길로 이끌어 줄 것이다. 명확한 중점 목표를 설정하고 그 목표에 모든 노력을 집중한다면, 당신은 대부분의 사람이 꿈에나 그릴 수 있는 수

66

목표를 이루겠다는 단순한 희망과
그걸 성취하겠다는 열정 사이의 차이를 아는가?
누구나 원하는 것이 있다.
많은 사람이 꿈과 목표를 갖고 있다.
하지만 단지 바라는 것이 아닌
단호한 결정을 내리고
열망의 불꽃을 태워
그것을 이루는 길을 찾는 사람은
극히 드물다.

99

준의 큰 성공을 거머쥐게 될 것이다.

목표에 집중하는 것과 더불어 또 한 가지 중요한 것은 철저한 계획을 세우고 실행하는 것이다.

어떤 기업이라 하더라도 목표를 정하고 계획을 세우는 일의 중요성은 두 말 할 필요가 없다. 기업 성공의 필수 조건이다. 이 원리는 부를 축적하는 데도 똑같이 적용된다.

세상에는 두 가지 부류의 사람이 있다.

한 부류는 리더고 또 다른 부류는 추종자다. 자신이 선택한 분야에서 일을 시작할 때 처음부터 리더가 될 것인지 추종자가 될 것인지 선택해야만 한다. 리더는 추종자보다 임금이 더 높다. 리더만큼 많은 임금을 받을 수 있을 것이라고 기대하는 추종자도 있지만, 그는 곧 그것이 불가능하다는 현실을 깨닫게 될 것이다.

물론 추종자가 된다고 해서 꼭 나쁜 것은 아니다. 하지만 일생 동안 추종자가 되어서는 안 된다. 대부분의 리더들이 현명한 추종자로 시작해서 점점 더 리더로 발전해간 것처럼 여러분도 추종자일 때 많은 것을 배우고 익혀서 리더의 자질을 갖추어야 한다.

세상에는 두 가지 형태의 리더십이 있다. 가장 효율적인 형태의 리더십은 동의에 의한 리더십이다. 이 리더십은 추종자들이 당신이 리더라고 동의해주었음을 의미한다. 다른 형태의 리더십은 강압에 의한 리더십이다. 이 리더십은 추종자들의 동의와 공감을 받지 못했다는 것을 의미한다. 역사는 강압에 의한 리더십은 오래 지속될 수 없다는 사실을 증명하고 있다.

우리는 모두 세일즈맨이다. 나는 수많은 사람에게 판매하는 법을 가르쳐왔다. 단언컨대 당신이 부유해지는 길은 당신의 고객을 어떻게 리드할 것인가에 달려 있다.

당신이 리더의 위치에 오르기 원한다면 그에 필요한 자질을 익히는 것이 중요하다.

첫째, 당신의 선택이나 행동에 대한 책임을 질 수 있는 용기와 능력이 필요하다.

둘째, 자제력이 필요하다. 왜냐하면 자신을 통제하지 못하는 사람은 다른 사람을 리드할 수 없기 때문이다.

셋째, 신속한 결정을 내릴 수 있어야 한다.

넷째, 일을 계획하여야 할 뿐만 아니라 그 계획을 실행하여야 한다.

다섯째, 다른 사람이 어떤 일을 요청하면 그 이상을 들어주는 것도 리더가 가져야 할 또 다른 덕목이다.

당신의 일을 계획하라. 그러고 나서 당신의 판매 계획을 실행하라. 그러면 당신은 부자가 되는 길로 들어서게 될 것이다.

만약 삶의 중요한 목표가 없다면,

아무리 학교에서 많은 것을 배웠다 하더라도

아무 소용이 없다.

그는 시작도 하기 전에 이미 패배한 것이다.

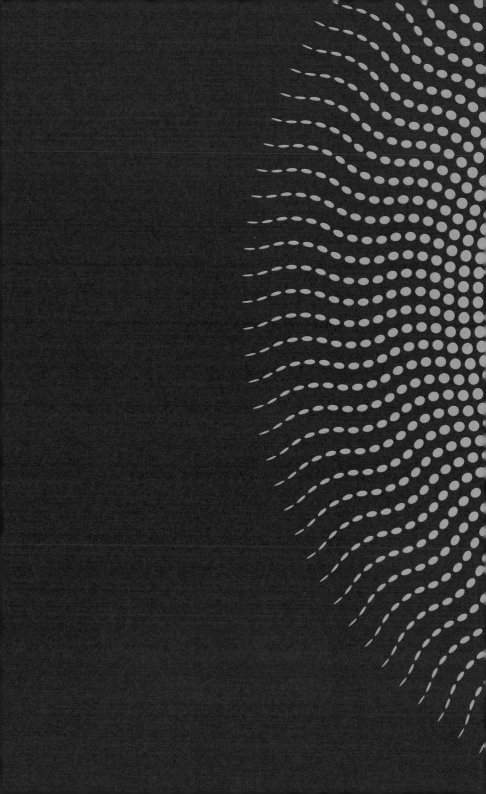

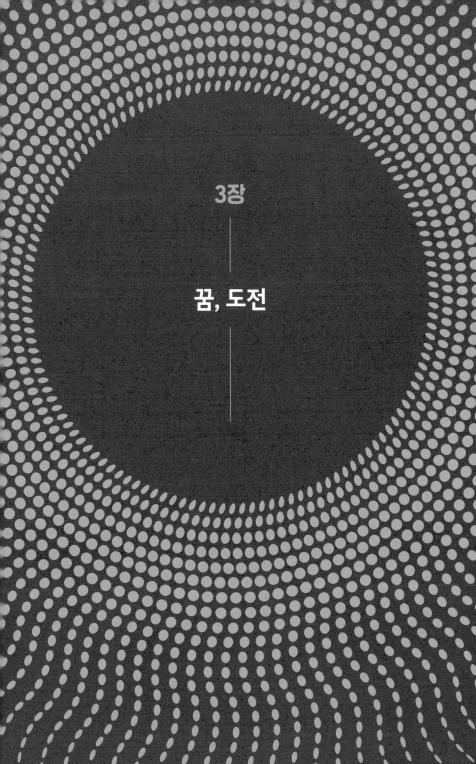

3장

꿈, 도전

꿈이 없이는 성공도 없다.

꿈을 품고 있어야 꿈을 이룰 수 있다.

참나무는 도토리 안에 잠자고 있고,

새는 알 속에서 기다리고 있다.

꿈은 현실에 있는 성공의 묘목이다.

_ 제임스 알렌

포기하지 말고
꿈을 향해 나아가라

당신은 불가능할 것 같은 꿈에 도전해서 연간 75,000달러 (1900년 초)를 버는 사람에 대해 들어봤는가? 잭 런던이 바로 그런 사람이다. 그는 미국을 대표하는 문학가가 되어 연간 75,000달러를 벌어들였다. 일찍이 경험해본 적이 없는 가슴속 갈망에 호기있는 도전을 한 덕분이다.

잭 런던이 작가가 될 수 없는 이유는 차고 넘쳤다. 그 이유를 잭 런던 자신만 제외하고 모든 사람이 알고 있었다. 그는 고등학교를 1년밖에 다니지 못했다. 그의 젊은 시절의 친구 중에는 제대로 학교 교육을 받은 사람이 없었고, 도둑이나 부정기 화물선의 선원이 많았다. 16세가 되기 전까지 그는 세계 여러 항구를 떠도는 선원으로 살았다. 따라서 그의 영혼 속에는 야생의 거친 기질이 있었다. 그런 기질은 일반적인 문학적 삶의 고요함과는 어울리지 않았다. 그의 가슴은 붉은 피가 끓는 모험에 대한 채워지지 않는 욕망으로 가득 차 있었다.

이런 상황에도 불구하고 책읽기를 좋아했던 그는 작가가 되기로 결심했다. 배가 일본의 어느 항구를 떠날 때 결심을 한 것이다. 그 배는 그가 캘리포니아 대학교에 입학시험 신청 편지를 쓰기 직전에 샌프란시스코에 도착했다.

그는 대학교에 들어가려면 입학시험을 봐서 시험에 통과해야 한다는 사실을 알게 되었다. 입학시험은 고등학교 때 배운 지식에 대한 시험이었다. 너무나 당연한 과정 조차 알지 못했던 그였지만 실망하거나 포기하지 않았다.

그의 방을 고등학교 교과서로 채우고 공부 계획을 세웠다. 낮에는 돈을 벌기 위한 온갖 일, 예를 들어 신문배달원, 수위, 세탁부, 용광로 화부 등 무슨 일이든 가리지 않고 했다. 밤에는 졸음을 참아가면서 공부했다. 심지어 책상에 나무못을 박아놓아 졸기라도 하면 나무못이 그를 찌르도록 해놓기까지 했다.

3장
꿈, 도전

여름 내내 그렇게 일하면서 열심히 공부했다. 그 결과 가을에 입학시험을 치르고 합격을 했다. 그러나 그가 찾고자 했던 것을 대학교에서 찾지 못했다. 지식에 대한 학구적인 접근은 그의 자유로운 영혼에는 죽음과도 같았다. 첫 학기가 끝나고 나서 그는 쓰리고 실망스러운 심정으로 학교를 자퇴했다.

그리고는 밤에 글을 쓰기 시작했다. 그리고 얼마후 시골 우체국의 직원채용시험을 치르고 합격했다. 그것도 수석 합격이었다. 합격 소식을 들은 그는 밤새 고민을 했다. 그 합격을 받아들일지 말지를 결정해야 했기 때문이다. 만약 그가 일자리를 받아들인다면, 남은 인생은 안정적인 생활을 할 수 있었다. 그의 어머니와 누이들은 그 일자리를 놓고 왜 고민하는지 이해할 수 없다며 빨리 수락하라고 다그쳤다. 그 일자리는 괜찮은 보수와 안정된 일이 보장된 그의 첫 번째 일자리였기 때문이다.

하지만 그는 수락할 수가 없었다. 그 일자리를 수락한다는 것은 글쓰기를 포기하고, 꿈을 희생하고, 결심에 영원히 못을 박는 것을 의미했기 때문이다. 또한 그것은 그가 보았던 삭막하고, 혈기 넘치고, 비극적인 것들을 이 세상에 전하고자 하는 그의 불타는 사명감과 야망이 사라지는 것을 의미했다.

만약 당신이 하고자 하는 일이 옳고
그 일에 대한 믿음이 있다면,
망설이지 말고 그 일을 행하라.
일시적인 실패를 겪더라도,
당신의 꿈을 밀어붙이고,
다른 사람이 하는 말에 개의치 말라.
왜냐하면 그들은 모든 실패 속에는
성공의 씨앗이 숨어 있다는 것을
모르고 있기 때문이다.

깊은 고민에 빠져 있던 그는 어느새 잠이 들고 말았다. 잠에서 깬 그는 방 안을 둘러보았다. 아침의 선명한 햇살 아래서 방 안을 한 번 훑어보았는데 한 무더기의 책 더미와 원고 뭉치들과 전동 타자기가 있었다.

그는 우체국에 입사 여부를 생각할 시간을 좀더 달라고 부탁했지만, 지금 결정하지 않으면 영원히 기회가 사라진다는 대답만 돌아왔다.

그는 "그럼 포기할게요"하고 대답한 후 낮에는 아르바이트를 하고 밤에는 글을 쓰는 일을 계속했다.

하지만 그가 보낸 원고들은 번번히 거절당했고, 수입은 줄어들기만 했다. 하는 수 없이 타자기를 제외한 자전거, 책, 옷 등 모든 것을 전당포에 맡겼다.

어느 날 우편집배원이 놓고 간 반송된 원고를 보다가, 두 개의 큰 봉투 사이에 끼워져 있는 편지를 보게 되었다. 그는 파르르 떨리는 손으로 그 편지 봉투를 뜯어 편지지를 펼쳤다.

새터데이 이브닝 포스트(Saturday Evening Post)가 그에게 《야

성의 부름》의 초판 인세로 750달러를 제시한다는 내용이 적혀 있었다. 얼마 지나지 않아 다른 출판사에게 2,000달러의 인세를 받고 계약을 했다.

마침내 배고프고 불투명했던 긴 날들에 종지부를 찍은 것이다. 그로부터 수년 안에 믿을 수 없던 꿈이 실현되었다. 잭 런던은 연간 75,000달러를 벌었다.

이 경이적인 성공 스토리는 성공 원칙 중 명확한 목표와 꿈이 얼마나 중요한지를 잘 보여 주고 있다. 부정기 화물선 선원이었던 잭 런던은 자신의 처지를 비관하거나 포기하지 않고 작가가 되고 싶다는 꿈을 꾸고 열심히 노력했다. 그에게 꿈이 없고 불타는 열정이 없었다면 그는 칼싸움을 하다가 죽음을 맞이했을지도 모른다.

포기하지 않는 꿈과 실패를 두려워하지 않고 도전하는 것이 성공의 필수 조건이라는 사실은 잭 런던의 스토리가 명확하게 보여준다. 일본 항구에서 작가가 되기로 결심한 후에 그의 일생에서 했던 가장 큰 결심은 안정적인 공무원 일자리를 마다하고 작가의 길을 선택한 것이었다.

잭 런던은 그날 밤 엄청난 도박을 한 것이다. 그는 꿈을 위해 실패도 두려워하지 않았다. 작가가 되지 못할 것이라는 불안한 마음, 실패에 대한 두려움이 있었을 것이다. 하지만 꿈을 향해 도전하기로 결심했다. 실패하더라도 시도조차 하지 않고 포기할 수는 없었던 것이다. 그는 꿈을 향해 나아갔고 도전했다. 그 덕에 그가 꿈꿨던 세계적인 작가가 되고 부를 얻게 되었다.

지난 수년 동안 내가 미국에서 분석했던 25,000명 중에 98퍼센트는 실패한 사람이다. 그들이 실패한 것은 실패를 두려워하고 포기했기 때문이다. 성공한 2퍼센트의 사람들은 예외 없이 꿈과 목표를 향해 도전한 사람이었다.

실패를 두려워하지 말고 도전을 해야 성공할지 실패할지 알 수 있는 것 아닐까? 도전하지도 않고 지레 안 될 것이라 생각하고 포기를 하니 성공할 리가 없지 않은가? 실패를 두려워하면 실패할 수밖에 없다. 두려워하지 말고 도전하고 나아가야 성공할 수 있다. 만약 실패한다면 다시 도전하라. 성공할 때까지.
밤이 지나면 낮이 오듯이, 자연스럽게 성공과 부가 따라올 것이다.

> 성공하는 자는 결코 포기하는 법이 없고
> 포기하는 자는 결코 성공할 수 없다.

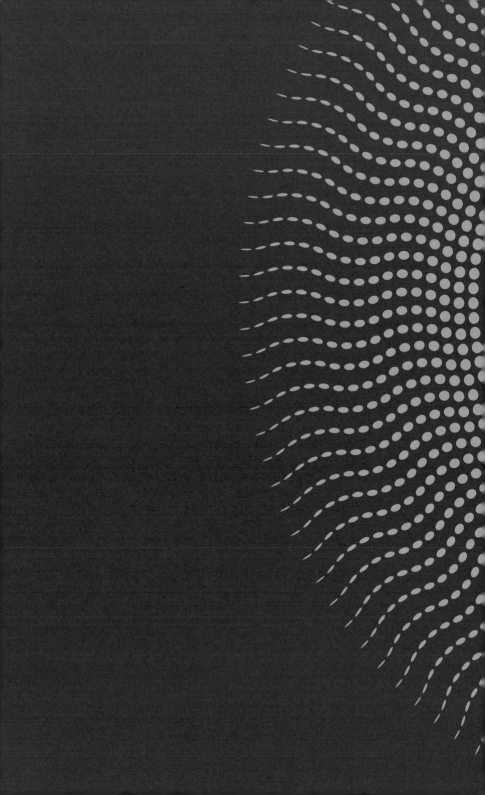

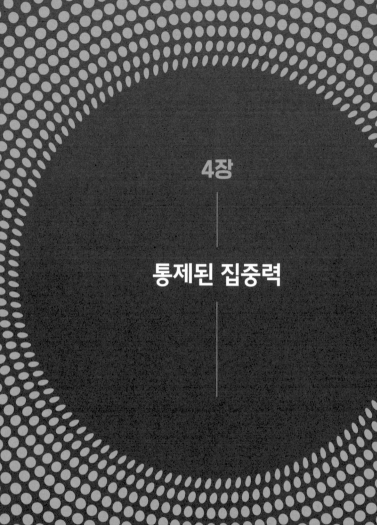

4장

통제된 집중력

많은 사람이 큰 일을 끝까지 완수하지 못하는 것은
집중력, 즉 이때다 싶을 때, 다른 것 전부를 물리치고
해야 할 단 한 가지 일에 집중하는 스킬이 없기 때문이다.

_ 록펠러

집중하면 원하는 것을 얻을 수 있다

통제된 집중력이 다른 성공 원칙들과 결합하여 어떻게 부를 이루는 데 기여하는지 살펴보자. 통제된 집중력은 다음의 네 가지 원칙들과 결합할 때 대체적으로 성공에 이르는 것으로 파악됐다.

그동안의 경험으로 보면, 다음의 원칙들이 서로 결합될 때 기적의 경계를 넘을 수 있는 정신력이 발휘되었다.

(1) 명확한 목표 설정
(2) 감정을 온전히 다스리는 자제력
(3) 통제된 집중력
(4) 자신의 목적에 투영하는 상상력
(5) 흔들리지 않는 확신

우리가 대면하게 되는 어떤 문제도 이 원칙들을 결합하면 대부분 해결할 수 있을 것이다. 그 힘은 각 개별 원칙이 아니라 그 원칙들의 조합에서 나온다. 그럼 성공과 부를 창출하는 정신력을 기르기 위해 그 원칙들을 어떻게 적용할 것인가에 대해 알아보자.

어떤 사람이 일정 금액의 돈이 필요하게 되었다고 가정해 보자. 이 문제를 푸는 방법은 두 가지가 있다.

첫째는 그 문제에 대해 안절부절 못하고 돈을 마련하지 못할 것을 걱정하고 있는 것이다. 아무 일도 하지 않은 채 말이다. 이것이 이런 부류의 문제를 대하는 일반적인 방법이다.

또 다른 방법은 여기 제시된 다섯 가지 원칙을 조합하면서 필요한 돈을 구하려고 진지하게 노력하는 것이다.

다섯 가지 원칙을 적용하는 방법은 다음과 같다.

필요한 돈의 양은 이미 정해져 있다. 그가 돈을 구하기로 결심했다면 그것이 바로 명확한 목표 설정이다.

마음속에서 돈을 마련할 수 없을 거라는 모든 두려움과 의심을 없애버렸다면 그것이 자제력이다.

그의 마음이 다른 모든 문제를 뒤로 하고 돈을 마련하는 데 집중했다면 그것이 바로 통제된 집중력이다.

그 돈에 대한 대가로 지불할 수 있는 동일한 가치를 지닌 어떤 것을 만들어내도록 상상력을 발휘했다.

그의 마음은 치러야 할 어떤 대가나 지켜야 할 어떤 조건에도 불구하고 원하는 금액의 돈을 구하겠다는 생각을 그리고 꼭 구할 수 있을 거라는 생각을 끊임없이 반복한다. 그것이 행동을 수반하는 확신이다.

이 다섯 가지 원칙이 조합되고 여기 제시된 방법대로 적용될 때, 잠재의식은 그 돈을 마련할 수 있는 계획을 만들어낸다. 앞서 언급한 다섯 가지 원칙을 조합하면 이 원칙들 중 하나만으로는 얻을 수 없는 큰 힘을 얻을 수 있다.

위대한 성취를 한 사람들의 경험이 이를 입증하고 있다. 가장 먼저 위대한 발명가인 에디슨의 예를 들려 주겠다. 이 주제에 대해 그는 나에게 이렇게 말했다.

"성공한 발명가의 가장 중요한 특성을 간단하게 말하면 다음과 같습니다. 첫째는 성취하기를 바라는 것에 대해 확실히 알아야 합니다.(명확한 목표) '불가능' 같은 단어를 잊어버리고 그 목적에 마음을 집중해야 합니다.(집중력) 또 그 목적에 필요한 모든 지식을 동원하고, 필요한 모든 경험을 활용해야 합니다.(상상력) 일단 시도를 하고, 아무리 여러 차례 실패를 거듭하더라도, 계속 다시 시도를 해야 합니다.(확신) 다른 사람이 시도했다가 실패했다는 사실에 흔들리지 말고 두려움 없이 계속 나아가야 합니다.(자제력) 문제에 대한 해결책이 어딘가에 반드시 있고, 그 해결책을 찾을 수 있다는 믿음을 가져야 합니다.(확신)"

에디슨은 이어서 말했다.

"어떤 사람이 문제를 해결하려고 마음먹고 나면, 처음에는 저항에 부딪칠 것입니다. 그러나 굴하지 않고 계속 시도를 하면 틀림없이 해결책을 찾게 될 것입니다.(여기에 다섯 가지 원칙들의 조합이 필요하다) 나는 이렇게 했는데도 실패한 사람을 전혀 보지 못했습니다. 대부분의 사람들이 갖고 있는 가장 큰 문제는 문제 자체가 아니라 그들이 행동으로 옮기지 않는다는 것입니다. 그들은 시작도 하기 전에 포기합니다."

에디슨 말의 뜻은 일단 시작하고 계속 시도하면 쉽게 완수할 수 있는 과업인데도 불구하고, 자기 스스로 한계를 정함으로 인해

내가 성공한 이유는
중도에 그만둠 없이
한 가지 일에 매달려
지속적인 노력을 할 수 있는
집중력이 있었기 때문이다.

과업을 포기하거나 아예 시작하지도 않는 것이 가장 큰 문제라는 것이다.

"제 모든 발명품 중에서 축음기를 제외하고 처음 시도해서 성공한 것은 없습니다. 모든 일 중에서 가장 놀라웠던 일 중의 하나는 제가 찾고자 했던 일을 발견하고 나서 보면 대부분의 경우 그 해답이 항상 제 안에 존재하고 있었다는 것입니다. 해내고자 하는 인내심과 의지가 그 해답을 찾을 수 있도록 해 주었습니다."

현대식 전화기를 발명한 알렉산더 그레이엄 벨 박사는 그의 발명에 대해 다음과 같이 설명했다.

"저는 청력이 손상된 제 아내를 위해 듣는 데 도움을 주는 기계 장치를 연구하다가 장거리 전화의 원리를 발견했습니다. 저는 제 남은 일생을 바치는 한이 있더라도 보청 장치를 찾아내겠다고 마음 먹었습니다. 수많은 시도 끝에 마침내 제가 찾던 원리를 찾아 냈습니다. 그 원리는 놀라울 정도로 단순했습니다. 그리고 제가 찾아낸 원리가 보청 장치를 만드는 데만 유용한 것이 아니라, 전선을 통해 목소리를 보내는 방법으로도 활용될 수 있다는 사실에 더욱 놀랐습니다."

잠재의식적이긴 했지만, 벨 박사는 여기서 기술한 다섯 가지 성공 원칙 모두를 사용했다.

벨 박사는 "제 연구에서 파생된 또 다른 발견은 자신의 두뇌에 명확한 결과를 내놓으라고 명령을 내리면, 일반적인 문제에 대한 해결책을 찾을 수 있는 '제2의 관점'을 제공하는 효과를 보았다는 사실입니다. 그 힘이 무엇인지 저는 모릅니다. 오로지 제가 아는 것은 그 힘이 존재한다는 사실입니다. 그리고 자신이 원하는 것을 명확하게 알고, 그걸 성취하기로 결심했을 때에만 그 힘이 발휘된다는 것입니다"라고 말했다.

최근 '필라델피아 상인의 왕'이라 불린 존 워너메이커(John Wanamaker)는 통제된 집중력과 다른 원칙들을 활용해서 비즈니스 문제를 해결했다. 그는 문제를 해결했던 스토리를 다음과 같이 얘기했다.

"제가 처음 사업을 시작했을 때 많은 문제를 마주했습니다. 사업을 하려고 하니 일반적인 상거래 방식이나 은행 채널을 통해서는 해결할 수 없는 금액의 돈이 필요하다는 것을 알게 되었습니다. 그런 일이 발생할 때마다 저는 공원으로 가서 걷기 시작했고, 걸으면서 그 문제에 대한 새로운 해결책을 생각했습니다. 큰 금액의 돈이 필요하게 된 원인은 비수기에 접어들었고, 팔리지 않는 제품들이 재고로 쌓였기 때문이었습니다. 저는 저에게 닥친 문제에 대한 해결책을 찾을 때까지 가게로 돌아가지 않겠다고 결심했습니다. 계속해서 해결책을 찾았고, 두 시간이 지날 무렵 아이디어가 떠올랐습니다. 가게로 돌아가서 15분도 채 지나지 않아 필요한 금액의 돈을 마련할 수 있었습니다. 이 과정에서 가장 이상스러운 부분은 처음에는 그 아이디어가 떠오르지 않았다는 사실입니다."

통제된 집중력에 명확한 목표 설정을 더한 조합이 워너메이커의 성공 사례를 만들어낸 것이다.

그가 직접 언급은 하지 않았지만, 아마도 확신과 상상력도 그가 활용했던 성공 원칙 조합에 사용되었던 것으로 보인다. 그는 "해결책을 찾겠다는 확고한 의지와 집중력을 더하면 해결하지 못할 일은 없다고 봅니다"라고 말했다.

과학자이자 발명가인 엘머 게이츠 박사는 통제된 집중력의 원리를 어떻게 사용하는지에 대해 이렇게 설명했다.

"명확한 목표를 세우고, 그 목표를 성취하기로 결심한 사람에게는 도움을 주는 어떤 숨겨진 힘이 존재합니다. 그 힘이 제가 200건이 넘는 발명을 할 수 있었던 비결입니다. 발명을 시작한 초기에는 알지 못했습니다. 저는 문제의 해결책이 공기로부터 제 마음으로 날아 들어올 때까지 문제에 집중하고 또 집중했습니다. 가장 어려웠던 점은 내면으로부터 신비한 기운이 떠오를 때까지 충분히 오랫동안 한 가지 목표에 마음을 집중하는 것이었습니다."

내가 자문을 했던 미국의 28대 대통령 우드로 윌슨도 집중력의 중요성을 강조했다.

"1918년, 독일 군사 당국은 휴전을 제안하는 서면을 보내왔습니다. 그건 제가 대통령으로서 해야 하는 업무에 있어서 가장 큰 문제 중 한 가지였습니다. 저는 결정을 해야 했고, 제 결정에 수천 명의 목숨이 달려있다는 사실을 잘 알고 있었습니다. 저는 몇 분 동안 그 제안서를 옆에 치워두고, 눈을 감은 채 제 자신의 사고력보다는 더 큰 원천으로부터 나오는 가르침을 구하기로 결심했습니다. 잠시 후에 그 제안서를 들고 백악관 현관으로 걸어갔습니다. 그리고 그 제안서를 손에 꽉 움켜쥐고 눈을 감고 서서 신성한 가르침을 청했습니다. 잠시 후에 답이 왔습니다. 그 대답은 아주 분명했습니다. 저는 곧바로 서재로 돌아가서 빠른 속도로 답신을 썼습니다. 그 다음 일어난 일들을 통해 제 결정이 옳았다는 것이 증명됐습니다. 왜냐하면 얼마 지나지 않아 독일 황제가 퇴위하고 망명길에 올랐기 때문입니다."

전쟁 중인 대통령이 대답을 하는데 의지했던 신비한 힘은 무엇이었을까? 그는 애써 그걸 설명하려고 하지 않았다. 우리는 그가 믿었던 것에 대해 짐작을 할 수 있을 뿐이다. 그러나 그가 고도의 집중력을 발휘하여 결정을 했고 그랬기에 자신의 결정을 확신하고 행동에 옮김으로 결국 원하는 결과를 얻었다는 사실만은 의심할 여지가 없다.

그가 가장 중요한 것을 결정할 때 필요했던 것은 통제된 집중력이었다. 그의 이 사고체계에 관한 한, 통제된 집중력의 목적은 주어진 목표에 온 마음을 다하는 것이다. 이게 바로 통제된 집중력이 작용하는 원리다. 통제된 집중력을 다른 성공 원칙들과 함께 활용할 때 원하는 결과를 얻을 수 있다.

확실하고 제대로 계획된 삶의 목표에
초점을 맞추고 집중하라.
그러면 시간과 노력의 낭비를 막아줄 것이다.

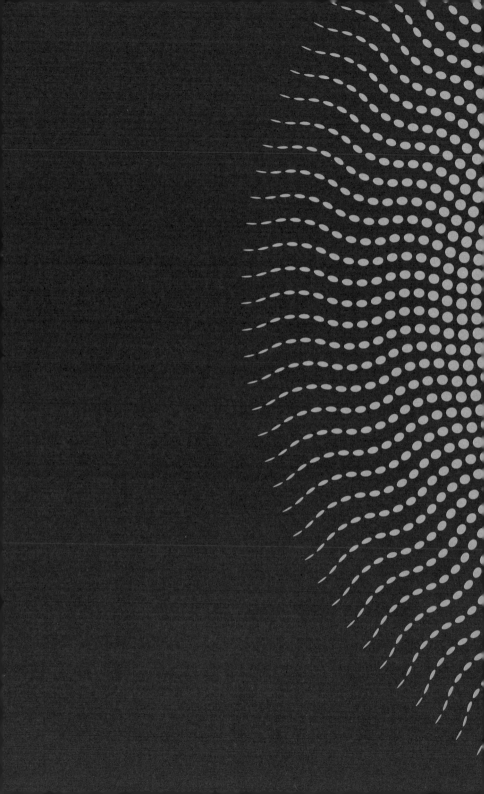

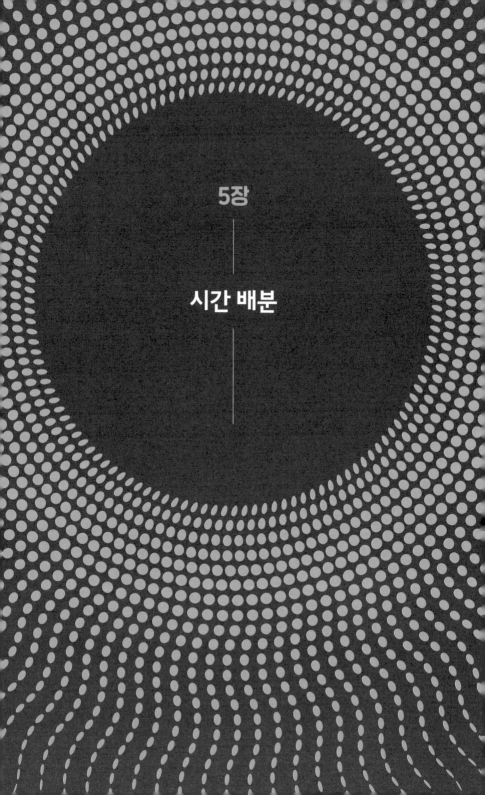

5장

시간 배분

변명 중에서도 가장 어리석고 못난 변명은

'시간이 없어서'라는 변명이다.

_ 에디슨

돈보다도
시간을 더 아껴야 한다

미루는 버릇은 당신에게 주어진 기회를 날려버린다. 성공한
사람 중 미루는 습관을 갖고 있는 사람은 단 한 사람도 없다. 어떤
일을 하기로 결심하고 나서, 망설이거나 뒤로 후퇴하지 않고 앞으
로 나아가며 행동으로 옮기는 사람은 반드시 성공할 것이다. 미루
는 습관을 갖지 않았다면 당신은 상당히 운이 좋은 사람임에 틀림
이 없다.

만약 당신이 성공에 필요한 모든 것을 손에 넣고, 완벽한 상태
로 준비될 때까지 기다린다면, 당신은 절대 성공할 수 없을 것이
다. 왜냐하면 성공은 현 상태에서 일단 시작하고, 돌발적인 상황이
발생하면 그에 맞대응할 상상력과 용기를 가진 사람에 의해서만

성취되기 때문이다.

초침이 째깍째깍 움직이는 매 순간마다 시간은 당신과 경주를 펼치는 셈이다. 미루는 것은 패배를 의미한다. 왜냐하면 이미 지나 간 시간 중 단 1초라도 되돌릴 수 있는 사람은 없기 때문이다. 시 간과의 경주에서 이기려면 내가 시간을 컨트롤하고 시간을 잘 활 용해야 한다. 시간은 곧 기회다. 그것을 잡아야 승리할 수 있다.

시간은 패배와 낙담의 쓰라린 상처를 치유하는 치료제이기도 하다. 시간은 모든 잘못된 것을 바로 잡아주고, 모든 실수를 배움 의 기회로 전환시켜 준다. 하지만 이런 혜택은 일단 결심을 하면 지체하지 않고 행동으로 옮기는 사람에게만 해당되는 사항이다.

삶은 커다란 장기판과 같다. 당신이 싸우는 상대는 시간이다. 멈칫거리거나 행동하지 않고 망설인다면 당신은 이 게임에서 패 배하게 될 것이다.

만약 당신이 하루에 허비하는 시간을 정확하게 계산해 본다면 깜짝 놀랄 것이다. 돈은 아끼면서 왜 시간은 아끼지 않고 허비하는 지 모르겠다. 시간과 인간관계는 삶에 있어서 가장 중요한 두 개의 자산이라는 것을 기억하라.

성공하고자 하는 사람은 시간과 인간관계라는 두 가지 자산을 적절히 조합해서 사용해야 한다. 시간을 적절히 배분하고 다른 사람과 조화롭게 협동하는 사람이, 그가 원하는 바를 명확하게 알고 그걸 성취하겠다고 결심하기만 하면 원하는 것을 얻을 수 있다.

시간의 불확실성은 경외심을 불러일으키기도 한다. 왜냐하면 시간은 살 수도 없고, 원한다고 해서 더 연장할 수도 없기 때문이다. 반면에 대부분의 사람이 부주의하게 흘려보내고 낭비하는 것이 바로 시간이기도 하다. 사람들은 시간이 무한하다고 생각하여 헛되고 무의미하게 보내기도 한다. 확실한 삶이 보장되는 순간은 찰나에 불과한 데도 말이다.

최근 엘머 게이츠 박사는 시간의 가치를 인식하고 잠자는 동안에도 일할 수 있는 방법을 고안했다. 잠들기 직전에 잠재의식에 명령을 내리는 것인데, 이 방법은 성공적으로 작동했다. 이 방법을 활용하면 잠자는 동안에 잠재의식이 활동하면서 그가 직면했던 문제에 대한 해결책을 찾아내기 때문에 잠자는 시간도 아낄 수 있게 되는 것이다.

게이츠 박사는 잠재의식에게 명령해서 잠자는 동안에도 종종 일을 했다. 그리고 중요한 일을 결정할 때도 이 방법을 적용하여 그의 생각이 옳다는 것을 입증했다.

시간을 아끼는 또하나의 방법은 '여유 시간'의 활용이다. 여유 시간이란 직장에서 일을 하는 시간 외에 오락, 취미, 준비하기, 계획 세우기 등과 같은 다른 흥밋거리에 할애할 수 있는 시간 또는 휴식을 취할 수 있는 시간으로 정의할 수 있다. 그 사람이 여유 시간을 어떻게 활용하는가를 살펴보면 그 사람의 장래를 정확하게 예측할 수 있다.

성공한 사람일수록 여유 시간에 자유로운 생각을 많이 한다. 왜냐하면 이 자유로운 생각을 하는 동안에 내면의 신비한 힘과 공감하고 교류하는 습관이 키워지기 때문이다.

직장에서 일하는 사람에게는 여유 시간이 자기 계발 시간이 될 수 있다. 왜냐하면 그 자유 시간 동안 공부를 함으로써 더 큰 책임을 감당할 수 있는 능력을 키울 수 있기 때문이다.

앤드류 카네기는 돈을 받고 일하는 업무 시간 외에도 열심히 일을 했다. 여유 시간에도 일을 함으로써 그 분야에서 뛰어날 수 있게 노력했고 자기 자신의 입지를 다지고 능력을 키웠다. 이 생각

부는 오지 않을 때에는
어떻게 그리 꼭꼭 숨어버렸을까 싶지만,
일단 오기 시작하면
엄청나게 빠르고 풍성하게 다가온다.

을 실천한 500명 이상의 사람들도 성공의 반열에 들어갈 수 있었는데 그들도 여유 시간을 잘 활용한 것이 성공의 비결이었다고 입을 모았다.

시간을 그냥저냥 보내는 습관은 비싼 대가를 치르도록 만들지만, 대부분 그 습관에 쉽게 빠져든다. 그러나 여유 시간을 그냥저냥 보내면 '비싼 대가를 치른다'라고 표현하는 것은 그리 적합한 표현이 아니다. '비극'이라는 단어가 오히려 더 적합할 것이다. 왜냐하면 여유 시간을 낭비하는 것만큼 비극은 없기 때문이다.

만약 누군가 그가 가진 시간 중의 일정 부분을 쪼개야 한다면, 여유 시간이 아니라 수면 시간을 쪼개는 것이 더 현명하다. 모순되게 들릴지 모르겠지만, 여유 시간이 가장 바쁜 시간이 되어야 하기 때문이다.

시간을 그냥저냥 보내는 사람은 가치있게 활용해야 할 소중한 자산인 시간의 중요성을 모르는 사람이다. 그는 시간이 무한할 것이라 생각하고 아끼지 않는다. 그리고 시간을 제대로 배분하는 시스템을 모르기 때문에 시간을 낭비한다. 다시 말해 어떤 주제에 대해 확실하게 집중하지 못한 채 하루하루를 보내기 때문에 시간을 허비하는 것이다.

시간 낭비는 인간이 저지를 수 있는 가장 큰 죄악 중의 한 가지다. 오 헨리(O. Henry)는 횡령죄를 저지르고 감옥에 간 다음에 이 사실을 깨달았다. 감옥에 있는 동안의 시간을 잘 활용하면 이 시간이 버려지는 시간이 아니라 무한한 가치가 있는 시간이 되어 자신을 승화시킬 것이라는 사실을 깨달았다.

이 깨달음으로 인해 마음을 다잡고, 감옥에 있는 시간을 활용해 단편 소설을 쓰기 시작했다. 그가 쓴 단편 소설은 그를 감옥에서 나오게 했을 뿐만 아니라, 그의 이름을 문학사에 길이 남도록 만들었다.

하룻밤 동안 쓴 소설로 그의 인생은 완전히 달라졌다. 시간을 어떻게 활용하는가에 대한 중요성을 잘 보여주는 사람이 오 헨리다. 시간은 오 헨리를 그 시대에 가장 존경받는 문학가로 변신하게 만들어 주었다.

언젠가 한 유명한 심리학자가 "하루 동안 당신이 생각하는 바를 나에게 모두 알려주면, 당신이 전에 어떤 삶을 살았는지 그리고 앞으로 어떻게 살게 될지 정확하게 알려주겠다"라고 말한 적이 있다. 시간을 낭비하면, 삶은 필연적으로 실패로 귀결된다. 실패하지 않으려면 주어진 시간 전체를 명확한 목표에 맞추도록 엄격하게 스케줄을 조정하면서 자신을 잘 관리해야 한다.

직장인, 노동자들이 업무 시간에 허비하는 시간을 모두 합하면 미국 산업을 두 배로 성장시킬 수 있을 정도라고 한다.

노동자들이 시간을 낭비하는 방법은 너무 다양해서 전체 리스트를 만들기는 힘들지만 여기에 몇 가지 예를 제시하겠다.

우선 그들 자신이나 서로에게, 또 고용주에게 잘못된 마음 자세를 가짐으로 인해 시간을 낭비한다. 이런 부정적인 마음 자세의 대부분은 공짜로 뭔가를 얻으려고 하기 때문이다. 예를 들면 더 많은 임금이나 더 적은 일을, 준비도 되지 않은 상태이면서 더 나은 직장을, 또는 더 나은 일자리에 따라오는 높은 직급을 원하는 것 등이다.

그들은 부정적인 마음 자세로 인해 성의없이 일을 수행함으로써 시간을 낭비한다. 부적절한 수준의 서비스를 제공함으로써 시간을 낭비한다. 보수를 받은 것보다 더 많이 일하기는커녕 보수를 받은 것만큼도 제대로 일하지 않음으로써 시간을 낭비한다. 그들은 하찮은 질투심 때문에 내부에서 불필요한 마찰을 일으킴으로써 시간을 낭비한다.

임금을 받고 일한다면, 일하는 동안에는 최선을 다해야 한다. 개인적인 일을 하거나 딴생각을 하거나 멍하니 있는 시간을 없애야 한다. 집중해서 일을 해야 하며, 일의 질이나 양적인 측면에서 보수를 받은 것보다 더 많이 일을 하는 습관을 길러야 한다.

그리고 당신이 일에 투여한 시간의 양이 당신의 가치를 판단하는 기준이 아니라는 점을 기억해야 한다. 서비스의 가치는 행한 일의 양과 질에 더하여, 일하는 동안의 마음 자세에 전적으로 달려 있다. 또한 일의 양과 질 그리고 마음 자세를 잘 통제하여 최선을 다하면 자신의 임금과 일자리를 스스로 정할 수 있는 위치에 올라서게 될 것이다.

돈, 행복, 조화 등 어떤 측면에서 보더라도 시간 배분은 성공하는 데 있어서 절대적으로 중요한 요소다. 우리 모두는 "시간이 돈이다"라는 격언을 잘 알고 있다. 내 연구 결과는 이 격언이 사실임을 보여주었다.

시간을 낭비하는 사람은 스스로 성공을 쫓아내고 있는 것이다. 시간을 잘 활용하면 누구보다 먼저 원하는 바를 손에 쥘 수 있을 것이다.

만약 당신이 완벽한 타이밍을 기다린다면,
차라리 희망을 포기하는 편이 낫다.
완벽한 타이밍은 절대 오지 않을 테니까 말이다.
현재 상태에서 가능한 최대한의 노력을 하라.
일을 진행하다보면 필요한 시기에 맞는
더 좋은 다른 방안이 나타날 것이다.

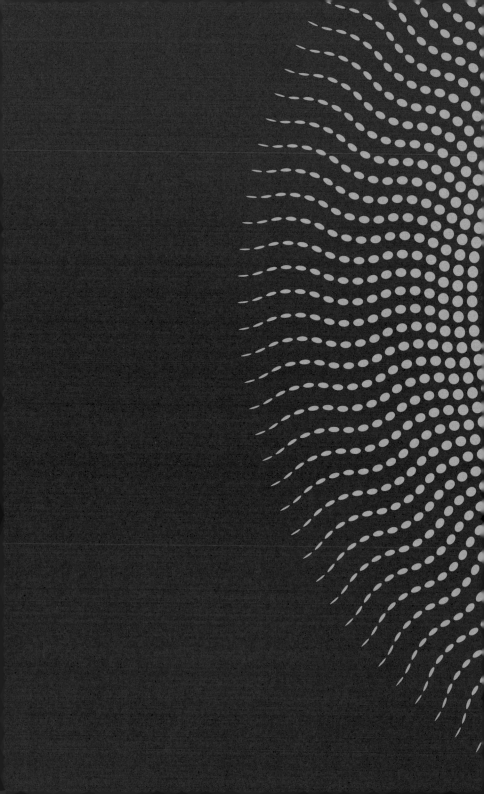

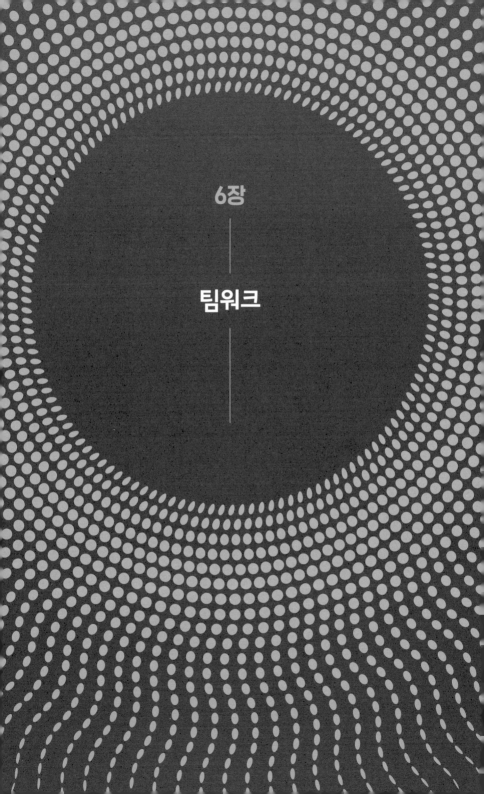

6장

팀워크

만약 당신의 단점을 알고 있으면서도 당신의 장점을 보고

당신 곁에 믿음직스럽게 남아있는 사람을 알고 있다면,

그 사람과의 우정을 놓치지 않도록 하라.

그런 사람 한 명의 도움이라도 받으면, 당신은 강해질 수 있다.

그런 사람 두 명의 도움을 받으면, 당신은 거인이 될 수 있다.

만약 그런 사람 세 명의 도움을 받는다면,

당신은 큰 성공을 이룰 수 있을 것이다.

_ 에디슨

협동하지 않고는
아무것도 얻지 못한다

성공이냐 실패냐는 대개 다른 사람들과의 관계에 의해 결정된다. 왜냐하면 탁월한 성공과 부를 성취할 수 있도록 하는 힘은 자신과 다른 사람들의 노력이 합쳐질 때만 얻을 수 있기 때문이다. 이처럼 다른 사람들과 노력을 합하는 것을 팀워크라고 부른다.

팀워크가 가장 큰 결실을 맺는 곳은 뭐니 뭐니 해도 가정이다. 팀워크의 혜택은 가정의 구성원들에게만 돌아가는 것이 아니라, 국가에도 돌아간다. 왜냐하면 성공적인 국가는 성공적인 가정들의 큰 집합체이기 때문이다.

가정에서의 팀워크는 부모의 서로에 대한 친밀한 관계에서 시작돼야 한다. 부모가 모범을 보임으로써 자녀에게 사랑과 하나됨이 전달되어야 한다.

가족 구성원 간의 친밀한 팀워크로 인해 주어지는 혜택은 일일이 나열할 수 없을 정도로 많다. 대표적으로 마음의 평화, 자립, 행복, 신뢰, 자존감, 배려 등을 들 수 있다.

가장 이상적인 가정은 각 구성원이 각자 맡은 바 의무를 스스로 인식하고 친밀한 협조 정신으로 이를 실천하는 가정이다. 가족 구성원 개개인의 특성을 존중하면서도 서로 한 마음으로 나아가야 한다.

하루 중 모든 가족 구성원이 함께 모여 식사를 할 때 친밀한 관계가 더욱 돈독해지고 사랑을 나누게 된다. 이런 가족은 식사 시간을 통해 육체를 위한 양식 뿐만 아니라 영혼을 위한 양식도 함께 먹는 셈이다.

식사 시간은 가족 모든 구성원이 화목한 대화를 나누는 성스러운 시간이 되어야 한다. 부모로부터 아기용 의자에 앉은 아기에 이르기까지 식사를 하면서 사랑과 기쁨을 나눌 수 있어야 한다. 식사가 유쾌한 경험이 될 때 음식이 소화가 잘 되고, 아이들이 긍정적인 성품을 가진 아이로 성장할 수 있다.

아이들의 마음은 유연하고 부드러워서 모든 종류의 자극, 특히 부모가 주는 자극을 매우 잘 받아들인다. 아이들 앞에서 던지는 부모의 말 한 마디 한 마디는 아이들의 마음속에 영원히 새겨진다. 부모의 얼굴 표정과 음성, 톤마저도 아이들에게 평생 동안 큰 영향을 끼친다.

부모들이 통상적으로 저지르는 실수는 자녀가 자신에게 속해 있다고 생각하는 것이다. 그렇기 때문에 자녀의 생각을 존중하지 않고 부모의 생각대로 자녀가 따라야 한다고 생각하는 것이다. 자녀의 꿈이 부모가 원하는 것이 아닐 때 그 길을 반대할 권리가 부모에게는 없다. 부모이기에 화내고 체벌할 권리가 있다고 생각하는 것은 큰 오산이다.

자녀는 부모의 소유물이 아니다. 부모는 자녀를 양육할 뿐이다. 바른 길로 교훈하고 모범을 통해 건전한 인격을 갖추도록 가르칠 의무를 갖고 있다. 자녀의 인격과 뜻을 존중하며 자신이 원하는 길로 가도록 도와주어야 한다.

그리고 자녀가 평화롭고 만족스런 삶을 영위할 수 있도록 모든 조건을 제공할 의무가 있다. "내가 너를 위해 평생을 희생하며 키웠는데 어떻게 이럴 수가 있냐"며 자녀의 뜻을 꺾으려고 하지 말라. 자녀가 이 세상에 태어나게 해달라고 부모에게 요청하지 않았기 때문에 모든 책임은 전적으로 부모에게 있다.

자녀는 자녀가 원하는 꿈을 향해 노력하고 부모는 부모의 의무와 책임을 다할 때 사랑으로 하나되는 가정이 될 수 있다. 가족관계가 원만해야 다른 인간관계도 원만할 수 있고 사회에서도 성공할 수 있다.

좋은 가족관계를 유지하려면 조화, 이해, 공감, 협력하는 능력이 요구된다. 가장은 가정의 화목으로부터 오는 마음의 평화 없이는 일에서 성공할 수 없다. 조화는 세심한 계획, 수입 지출의 균형, 가족 구성원의 효율적인 시간 배분의 결과물이다.

부부가 공동의 목표를 위한 명확한 목표를 설정하고 조화롭게 일한다면, 아무리 어려운 문제라도 그 해결책을 확실하게 찾을 수 있다.

미국식 삶의 위대함은 가정으로부터 나온다. 왜냐하면 가정이 정부 존재의 기반이 되는 투표권을 가졌고, 미국인의 특성이 길러지는 터전이 되고, 종교의 뿌리가 되며, 교육의 발판이 되기 때문이다. 또한 질병, 고통, 가난, 실망의 짐을 내려놓고 편히 쉴 수 있는 곳도 가정이라는 점을 잊지 말자.

미국적 기질(AMERICANISM)이란 말 그대로, 미국 가정들의 관계의 총합일 따름이다.

이 말을 상기하면 왜 가족관계가 인간관계 중 가장 중요한가에 대해 이해하게 될 것이다. 또 왜 조화와 협력을 지향하도록 하는 뚜렷한 목적 하에 가정을 조직하고 관리해야 하는지에 대해서도 이해하게 될 것이다.

모든 사람이 가정을 잘 관리해야 하는 의무를 가졌다는 사실은 자명하다. 만약 그 의무를 소홀히 하거나 거부하는 사람이 있다면, 그는 성공에 필요한 마음의 평화를 기대할 수 없을 것이다.

조화는 가정으로부터 시작되어야 한다. 협력도 가정으로부터 시작되어야 한다. 개인의 결단력도 가정으로부터 시작되어야 한다. 삶에 대한 열정과 관심도 가정으로부터 시작되어야 한다. 공감과 이해도 가정으로부터 시작되어야 한다.

중요한 가족관계가 삐거덕거리면 이혼하거나 적대관계가 되고, 가족 구성원의 마음의 평화가 깨지게 된다. 그러면 사업이 잘되기 어렵고 성공하기도 어렵다. 삶에 있어서 가장 중요하면서 기

66

진정한 리더는

자기 자신의 행동에 대해서 뿐만 아니라

팀원의 행동에 대해서도

전적으로 책임을 져야 한다는 것을 기억하라.

99

본적인 자산은 가족이다.

모든 인간관계를 지속적이고 조화롭게 만드는 한 가지 요인이 있다. 그 요인을 한 마디로 표현하자면 '다른 사람의 권리를 존중' 하는 것, 즉 이기적이 되지 않는 것이다.

팀의 모든 구성원이 진심을 가지고 이기심 없이 팀에 기여하지 않는 한 어떤 인간관계도 지속적인 팀워크로 발전할 수 없다. 이 원리는 가족관계 뿐만 아니라 비즈니스 현장에도 적용된다. 두 경우 모두 독재, 속임수, 부정직, 이기심을 가지면 절대 제대로된 관계가 형성될 수 없다.

가족의 모든 구성원을 이롭게 하는 가족 팀워크는 진정한 스포츠맨십의 정신으로 실행되어야 한다. 즉 가족의 어느 구성원도 다른 구성원에게 강요나 협박을 통해 군림해서는 안 된다. 특히 자녀가 부모에게 그런 위협을 가해서는 더욱더 안 된다.

강요와 협박을 통해 형성된 인간관계는 길게 지속될 수 없을 뿐만 아니라, 당하는 사람에게 분노, 미움, 반항 등을 불러일으킨다.
강요와 협박을 통해 한 사람이 다른 사람보다 우위에 서는 행위는 조물주의 계획에도 어긋난다. 조물주는 분노와 상처를 주지 않으면서 자발적으로 한 사람이 다른 사람을 따르는 위대한 힘을 모든 사람에게 부여했다. 이 방법만이 원만한 인간관계를 지속적으로 형성할 수 있는 유일한 방법이다.

그 유일한 방법은 바로 '사랑'이다. 사랑은 인간 감정의 가장 위대한 측면이다. 사랑은 여러 가지 형태로 나타난다.

가장 고귀한 사랑의 형태는 남녀 사이의 사랑이다. 왜냐하면 남녀 사이의 사랑(단순한 육체적 끌림이 아니라 진정한 사랑)은 조물주와 사람들 사이의 신성한 사랑과 가장 유사하기 때문이다.

그 다음으로는 부모와 자녀 사이의 사랑을 들 수 있다.

또한 이기적이지 않은 관계이면서 팀워크 형태의 관계를 맺은 사람들끼리 조화와 이해의 정신으로 맺은 우정이라 불리는 사랑도 있다.

많은 사람이 일주일 중 5일을 직장에 다니거나 사업적인 일을 한다. 따라서 그의 삶에 있어서 가장 많은 시간이 직업과 관계되는 일이다. 한 사람이 직업을 통해 얻는 것은 그 직업에 얼마나 집중하느냐에 달려 있다.

직업에 대한 집중으로는 특히 다음 세 가지를 들 수 있다.

(1) 제공하는 서비스의 질
(2) 제공하는 서비스의 양
(3) 서비스를 제공하면서 갖는 마음 자세

이 세 가지 요소에 세심한 주의를 기울여야 함께 일하는 사람과 원활한 협력관계를 유지할 수 있다. 팀워크에 필요한 이 세 가지 요소를 무시할 경우에는 교육, 경험 등 개인적인 능력은 무용지물이 되고 만다.

지금부터는 마음 자세라는 주제에 대해 분석해 보고, 무엇이 팀워크를 촉진하는가에 대해 살펴보자. 넓게 보면 세 가지 타입의 마음 자세가 있다.

첫 번째는 부정적인 타입이다. 이 타입의 사람은 그 자신을 포함해서 모든 사람에게 불평불만을 품고 있다. 다른 사람과 보조를 맞춰 일하지 않으며, 그가 좋아하지 않는 사람들을 비난하느라 대부분의 시간을 허비한다.

이 타입의 사람이 조화로운 팀워크에 도움이 되지 않는다는 것은 두 말 할 필요도 없다. 물론 다른 사람이 그와 함께 일하는 것을 꺼려하기 때문에 그가 성공하는 것은 불가능하다.

두 번째는 삶의 명확한 목표도 없고 특별한 열정도 없는 중립적, 즉 무심한 타입이다. 이 타입은 남에게 해를 끼치지도 않지만, 그럭저럭 무성의한 삶을 살기 때문에 남에게 도움이 되지도 않고 발전도 없다.

마지막으로 긍정적인 타입이다. 무엇이든 열심히 하고 열정 가득하게 일을 하기 때문에 다른 사람과의 관계도 좋고 일에 있어서도 점점 발전된 모습을 보인다. 힘든 일이 있어도 긍정적으로 생각하며 다시 도전하기에 그것은 성공의 밑거름이 되기도 한다.

우호적인 협력에서 나오는 조화는 다른 어떤 방법으로도 얻을 수 없는 힘을 준다. 조화는 다른 사람과 협력하려는 사람의 긍정적인 마음 자세에서 비롯된다.

개인들은 집, 교회, 학교, 동호회, 직장, 커뮤니티, 군대, 전문직 단체, 협회, 국가 등에 팀의 일원으로 소속되어 있다. 어느 단체이든 팀워크 정신에 불만을 품고 따르기를 거부하거나 무시하는 사람은 단체가 주는 혜택을 누릴 수 없다. 단체의 팀워크를 방해하는 사람은 단체에 융합되지 못하고 외톨이가 될 수밖에 없다.

'고립주의자'는 어떤 이유에서건 소수 집단에 속하기로 선택하고, 조화로운 삶을 영위하기 위한 다수와의 협력을 거부하는 사람이다. 그는 인기도 없고, 쓸모도 없어지고, 희망을 잃게 되고, 존재감도 사라지게 된다.

인간관계에 갈등이 생기는 이유는 욕심, 이기심, 또는 무지 때문일 수 있다. 이것들은 자연법칙의 산물이 아니다.

적응에 실패하면 확실히 도태되는 반면, 적응에 성공하면 항상 살아남는 것이 자연법칙이다. 여기에는 예외가 없다.

따라서 현명한 사람은 자연의 계획에 순응하고, 그 계획을 실현하기 위해 다른 사람들과 좋은 관계를 맺는다.

성공을 원하거나, 돈을 벌기 원하거나, 가족의 행복 또는 사회적 성취를 원한다면 팀워크가 필수적이다.

"

아이디어는 모든 성공 성취의 출발점이다.
서로의 행복에 진정으로 관심이 있는 사람들끼리
생각을 나누는 것만큼 효율적인 경우는 없다.
자신이 비즈니스 계획에 대해 여섯 명으로부터
진심어린 조언을 들을 특권을 가진 사람은
그의 결정이나 비즈니스 계획이 잘못될 리가 없다.

"

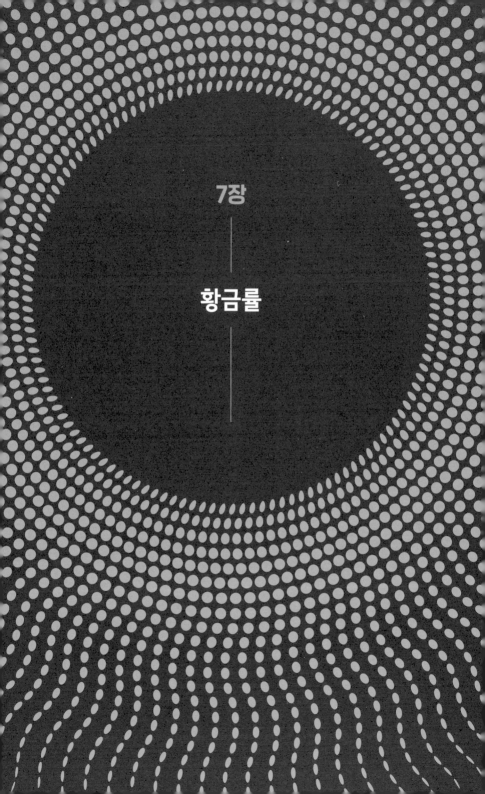

7장

황금률

동료와의 거래에서 무엇이 공평한지 알고 싶다면,

상대방과 나의 입장을 바꿔서 생각해보라.

상대의 처지를 당신이 기꺼이 받아들일 수 없다면,

그 거래는 공정하지 않은 게 확실하다.

_ 나폴레온 힐

대접을 받고자 하는 대로
남을 대접하라

진정한 성공을 한 사람들을 보면 황금률을 깨닫고 잘 적용한 사람들이라는 것을 알 수 있다. 황금률에 대해서는 모든 위대한 종교 지도자들과 진정한 철학자들이 인지하고 있었다.

예수님은 황금률을 강조하셨다. 산상수훈에서 가장 이해하기 쉬운 말로 "무엇이든지 남에게 대접을 받고자 하는 대로 너희도 남을 대접하라"(마 7:12)고 말씀하셨다.

이 규칙이 율법서와 예언서에 나오는 모든 규칙들 가운데 으뜸이라는 뜻에서 그리스도교도들은 황금률이라고 불렀다.

많은 설교가 황금률에 기초를 두고 있다. 하지만 황금률의 깊은 뜻을 제대로 해석하여 담아내는 설교는 드물다. 황금률의 요지는 다음과 같다.

다른 사람들에게 이기적이 되지 않도록 하라. 그러면 목표와 목적을 이룰 수 있는 길을 찾게 될 것이다. 다른 사람을 돕는 것은 성공의 핵심 열쇠다.

지금부터 황금률을 적용했던 사람들의 삶을 분석해 보겠다. 그 분석을 통해 그들이 다른 사람들과 관계를 맺었던 정신과 방법에 대해 알아보자.

성공학에 대한 연구에 전념했던 앤드류 카네기로부터 시작해 보자.

그는 사업을 시작할 때나 성공한 후에나 일관되게 겸손한 마음으로 한평생을 살았다. 거대한 철강사업을 일으키고 막대한 돈을 모은 그는 자기 재산의 사용과 분배에 관심을 갖기 시작했다. 그러던 중 자신이 성공하게 된 것은 지식과 인간관계 덕분이었음을 깨달았다.

그는 이 비결을 부자가 되고 싶어하는 모든 사람에게 알려주는 것을 인생의 중요한 목표로 삼았다.

앤드류 카네기는 자신만의 행복을 추구하지 않고 아직 태어나지 않은 세대의 행복까지 생각했다. 자신의 재산 중에서 가장 중요한 부분이라고 말했던 성공 철학을 20년 동안 완성하여 여덟 권의 책으로 발표했다.

그는 개인적인 성공과 행복을 성취할 수 있는 방법을 사람들에게 알려줌으로써 수백, 수천만 명을 성공과 부의 길로 이끌어 주었다. 이렇게 황금률의 가치를 깨닫고 누구보다도 확실하게 황금률을 적용한 삶을 살아온 덕에 그의 영향력은 전 세계로 확대될 수 있었다.

1929년 10월 21일, 에디슨은 세계 역사상 유례가 없는 성공 축하 기념행사를 가졌다. 그에 비하면 로마의 개선 행군이 초라할 정도였다. 로마의 승리가 영향을 미친 세계는 지구 한 편의 제한된 나라에 불과했지만, 에디슨의 발명에 칭송을 보낸 세계는 지구에 있는 모든 국가였기 때문이다.

이전에 천재 개인에게 그런 찬사를 보낸 적이 한 번도 없었다. 세계가 처음으로 그의 평화적인 승리를 축하하는 50주년을 맞이했다. 이 평화적인 승리에는 승자 뒤에 묶여 따라오는 포로도 없었다. 감사와 기쁨으로 환호하는 함성만이 있을 뿐이었다.

에디슨은 1879년, 저장된 에너지를 백열전구를 통해 빛으로 전환함으로써 밤에도 빛을 밝혔다.

이 사건을 독일의 역사학자 루트비히(Ludwig)는 "프로메테우스가 불을 발견한 이후 인류는 두 번째 불을 발견했다. 인류는 이제 어둠에서 벗어났다"고 말했다.

에디슨의 전 비서였던 알프레드 테이트(Alfred O. Tate)는 말했다.

"디어본에서 헨리 포드가 에디슨을 위한 축하행사를 준비했습니다. 그 행사는 웅장함에서 뿐만 아니라, 에디슨의 커리어 역사에서 가장 두드러졌던 이벤트를 재현하는 기발한 행사라는 점에서도 차별적이었습니다."

미국 대통령이 에디슨을 기리는 연설을 했다.

"오늘 저녁, 필라델피아의 독립기념홀 모형의 기둥이 있는 방(pillared chamber)에서 에디슨을 기념하기 위한 만찬이 개최되는데, 이 만찬은 유래를 찾을 수 없을 정도로 성대하게 진행될 것입니다. 참석해 주신 여러분 모두 그의 업적을 축하하며 기쁨의 시간을 나누시길 바랍니다."

66

대부분 자신의 일을 대신할 수 있는 사람을

키우지 않는다.

그러면 자신이 꼭 필요한 인재라고

인정받을 것 같지만

사실은 그로 인해 승진에서 누락될 것이다.

왜냐하면 상위 직급 자리가 생겼을 때,

그의 업무를 대신할 사람을 찾을 수 없으면

그를 상위 직급으로 올릴 수 없기 때문이다.

99

에디슨은 답례사를 하려고 일어서는데 감정이 복받쳤다. 모든 청중이 그의 감정을 느낄 수 있었고, 그는 거의 말을 할 수 없을 정도였다. 이런 상태에서 그 자신을 위한 연설을 하려고 시도하는 것은 이번이 처음이자 마지막이었다.

이것이 바로 겸손한 마음을 가장 강하게 표현하는 방법이었다. 또한 이것이 바로 다른 사람의 이익을 위해 자신을 희생하는 사람이 제대로 알려지고, 그를 아는 사람들의 칭송을 통해 정당하게 보상받게 된다는 증거였다.

에디슨은 그의 성취에 대해 누구에게도 말한 적이 없다. 그의 모토는 "행하라. 말로 하지 말고"였다. 그는 언젠가 나한테 자기 자신에 대해 말하는 것 자체가 완전히 시간 낭비라고 말한 적이 있다.

그는 자신의 일에 집중하느라고 자신에 대해 생각할 시간조차 갖지 못했다. 또한 평생 동안 노동에 대한 대가로 무엇을 받아야 할지에 대해 심각하게 생각하지 않았다. 그의 가장 큰 관심은 자신이 무엇을 줄 수 있는가에 관한 것이었다.

그의 일생은 다른 사람에게 주는 선물이었다. 그것도 자신이 받을 것을 전혀 생각하지 않은 채 온전히 다른 사람에게 아낌없이 주는 선물이었다.

세상에서는 황금률에 대한 이야기가 거의 2000년 동안 계속되어 왔다. 그리고 그에 관한 수만 개의 설교가 행해졌다. 하지만 황금률은 단순히 믿기만 하거나 생각에서 그치면 아무 소용이 없다. 실천을 통해서만 그 힘을 발휘할 수 있다.

지금부터 황금률이 주는 몇 가지 혜택에 대해 설명하겠다.

모든 인간관계에서 동기가 매우 중요하기 때문에, 황금률을 적용함으로써 얻게 되는 혜택의 목록을 만들어 보았다. 인간의 행동에 황금률을 적용함에 있어 얼마나 많은 기본적인 동기들이 작용하는지 알아보자.

1. 사랑

황금률은 모든 감정 중 가장 큰 감정인 사랑에 기반하고 있다. 이기심, 탐욕, 질시의 감정을 버리고, 다른 사람의 입장이 되어 생각하면서 다른 사람과 관계를 맺도록 한다.

황금률을 통해 표현되는 사랑의 동기는 "네 이웃을 네 자신 같이 사랑하라"(마 22:39)는 말씀이다. 그 말씀을 자유 의지로 따르도록 만든다.

사랑의 동기는 인류가 하나임을 온전히 깨닫도록 해준다. 이는 이웃에게 미친 손해가 결국 자신의 손해이며, 이웃에게 베푼 친절과 호의가 결국 자신에게로 향해진다는 깨달음에서 온다.

나와 가까운 사람에게 당연히 황금률을 실천해야겠지만 그것을 넘어 내가 모르는 모든 사람에게까지 황금률을 실천해 보자.

2. 이익

이 동기는 정상적이고 일반적인 동기지만 종종 이기적이라고 표현되기도 한다. 따라서 황금률을 적용함으로써 얻게 되는 금전적 소득이라고 표현하는 편이 좀 더 나을 수도 있다.

이런 금전적 소득은 그 소득을 제공하는 상대편의 선의에 의해서 얻어진다. 내가 소득을 바라고 한 행동은 아니지만 나의 호의나 친절을 받은 사람이 자발적으로 나에게 주는 감사의 표현인 셈이다. 나에게 돌아올 어떤 이익을 바라고 한 행동이라면 진정한 황금률이라고는 할 수 없다.

여기서 말하는 이익이란 대가를 바라지 않고 한 행동이지만 상대방의 선의로 인해 돌아오는 이익을 뜻한다.

3. 자기 보호

자기 보호 욕구는 우리 모두에게 내재되어 있다. 자기 보호라는 목표는 다른 사람들이 같은 욕구를 성취할 수 있도록 도움으로써 가장 효율적으로 달성할 수 있다. '서로 자기 방식대로 살아가기(공존공생)'의 규칙은 다른 사람들로부터 같은 반응을 유도해낸다.

따라서 황금률은 다른 사람들의 호의적인 협력을 이끌어내는 속성을 갖고 있기 때문에 자기 보호를 성취하는 가장 확실한 방법이다.

4. 몸과 마음의 자유를 위한 욕구

나의 이웃이 자유를 누리지 못한다면, 내 자신도 몸과 마음의 자유를 누릴 수 없다. 모든 사람에게 적용되는 공동 유대가 있다. 자신이 일한 것에 대한 정당한 소득이 아닌 비정상적인 소득이나 불로소득을 바라는 사람, 손실이 발생했을 때 자기 몫의 손실을 줄이고 남에게 떠넘기려는 사람은 그만큼의 대가를 치러야 한다.

다른 사람에게 손해를 끼치지 않고 다른 사람이 몸과 마음의 자유를 얻도록 돕는 사람은 그 자신도 마음의 자유와 평안을 얻을 수 있을 것이다.

자유와 평안을 누리고 싶다면, 자유와 평안을 이웃 그리고 친구들과 공유하는 자산으로 만들어야 한다.

5. 권력과 명성에 대한 욕구

권력은 다른 사람들의 협조에 의해서만 생긴다. 명성도 다른 사람들의 동의에 의해서만 얻을 수 있는 것이다. 권력과 명성은 자신이 만드는 것이 아니라 타인에 의해 생기는 것이다. 그러므로 자신이 통제할 수 없고, 다른 사람들의 손에 맡겨져 있다.

자신이 얻는 이익에 비례하여 다른 사람에게도 그 만큼의 이익을 주지 않는 사람은 권력과 명성을 성취하고 지킬 수 없다. 인간의 기본적인 욕구인 권력과 명성은 다른 사람들의 호의적인 협조, 즉 황금률의 적용에 의해서만 성취될 수 있다.

부를 얻기 원한다면 "최상의 서비스를 제공하는 사람이 가장 큰 이익을 얻는다"는 로터리 클럽의 슬로건을 참조하라. 어떤 형태의 관계에서든 서비스를 받는 사람의 입장에 서서 생각하지 않으면 최상의 서비스를 제공할 수 없다. 서비스를 행하는 사람의 입장이 아닌 서비스를 받는 사람의 입장에서 생각하여 그대로 행해야 한다.

이게 바로 황금률의 정당성을 인정하고 또 실천해야 하는 이유다. 성공하고 싶다면 단순히 황금률을 믿지만 말고 실천해야 한다.

> 자신이 받은 대가 이상으로 더 많은 서비스,
> 더 좋은 서비스를 행하는 사람이
> 항상 환영을 받는 이유는
> 그 서비스를 행하는 동안
> 그에게는 경쟁자가 없기 때문이다.

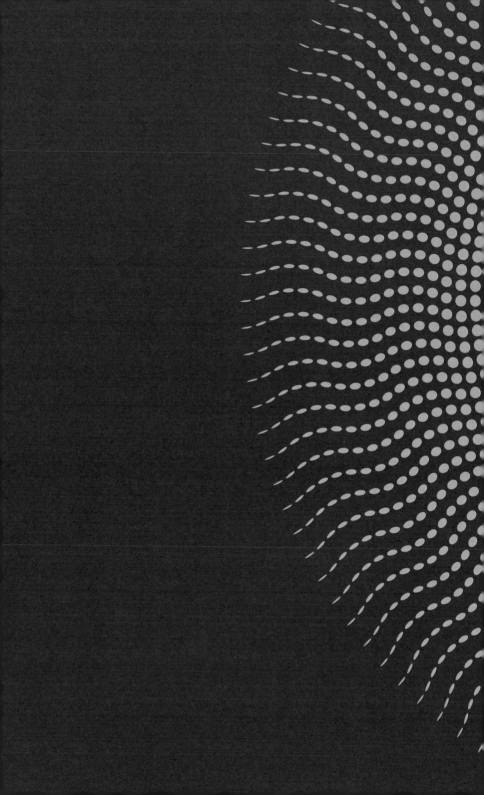

8장

끌어당김의 힘

삶은 당신이 생각하는 대로 흘러갈 것이다.

이 세상 어느 누구도 당신의 생각을

좌지우지하거나 빼앗을 수 없다.

생각은 온전히 당신의 의지일 뿐이다.

삶은 궁극적으로 당신의 의지대로, 생각대로 결정된다.

_ 나폴레온 힐

두려워하지 말라.
간절히 원하면 이루어진다

두려움은 많은 사람의 삶에 매우 부정적인 영향을 끼친다. 두려움은 모든 부정적 감정의 근원이다. 또 주변에 그 부정적인 분위기를 퍼뜨리는 특성이 있다. 걱정, 불신, 자격지심, 우유부단함, 소심함, 우울함, 불안 등 모든 부정적인 느낌과 감정은 두려움의 산물이다.

두려움이 없으면 이런 느낌이나 감정이 생기지 않는다. 따라서 부정적 감정을 일으키는 원인인 두려움을 제거하면 부정적인 생각으로부터 탈출할 수 있다. 그러면 이런 해롭고 성가신 일들로부터 벗어나 건강한 정신 자세를 유지할 수 있다.

두려움과 그로부터 생긴 부정적 감정들은 노력, 좋은 직업 그리고 세밀한 계획들을 모두 무용지물로 만들어 버린다. 두려움은 인생 경주에 나타나는 가장 큰 도깨비다. 수많은 사람의 인생을 망가뜨린다. 강하고, 신뢰할 수 있고, 유용한 일을 용기 있게 행하는 사람을 나약하게 하고, 의심하게 하고, 움츠러들게 하고, 도전하기보다는 포기하게 만들어 버린다.

걱정은 두려움의 첫 번째 자식이다. 걱정이 마음에 자리 잡고 앉으면 마음속의 좋은 생각들을 몰아낸다. 참새 둥지의 뻐꾸기처럼, 올바른 생각이 있어야 할 자리에 엉뚱하게도 부정적인 생각이 자리잡고 앉아 있는다. 두려움과 걱정은 곧 부화해서 말썽을 일으키기 시작한다.

'나는 할 수 있어', '꼭 해내고 말 거야'라는 적극적이고 긍정적인 생각이 아니라 '안 되면 어떡해', '나는 할 수 없어', '나는 불행해', '그게 얼마나 힘든 일인데 되겠어?', '나에게는 나쁜 일만 일어나' 등 끊임없이 나락으로 떨어지는 생각을 심어준다. 이런 생각은 모든 것이 파괴될 때까지 계속된다.

두려움은 육체적으로 아프게 만들고, 정신적으로 무기력하게 만든다. 두려움은 발전할 수 없게 하고, 앞으로 나아가는 데 걸림돌이 된다.

두려움과 걱정이 가장 최악인 이유는 그것으로 인해 아무것도 할 수 없게 만든다는 것이다. 두려워하고 걱정을 했다는 이유만으로 무언가를 성취한 사람은 이제껏 아무도 없었다. 두려움과 걱정은 성공과 부로 가는 길에 한 치의 도움도 주지 않는다. 두려움과 걱정의 특성이 후퇴시키는 것이지 전진하도록 하는 게 아니기 때문이다.

우리가 두려워하고 걱정하는 대부분의 일은 전혀 일어나지 않는 일이다. 일어나지도 않을 일 때문에 몸과 마음이 상하게 하고 시간을 낭비해서는 안 된다. 설사 실제로 아주 드물게 그런 일이 생기더라도 걱정했던 것만큼 나쁜 상태는 아니다.

우리를 불안하게 하거나 낙담하게 만드는 것은 오늘 생길 근심거리, 시련, 골칫거리들이 아니다. 미래 어느 시점에 일어날지도 모르는 일들이다. 하지만 대부분은 일어나지 않는다. 그러므로 걱정하는 것 자체가 필요없는 일이다.

두려움과 걱정은 많은 에너지를 소모시킨다. 미래에 가상적으로 발생할지도 모를 막연함에 쏟았던 에너지, 일, 생각, 시간만큼 아까운 것이 또 있을까? 그 에너지와 일, 생각, 시간을 매일 일어나는 문제를 해결하는 데 사용하도록 방향을 바꾸는 것이 현명하다.

끌어당김의 법칙에 의하면,

문제는 언제나 환영받았기 때문에 그곳에 있고,

초대받았기 때문에 거기에 나타난 것이다.

문제를 거절했다면 나타나지 않는다.

자연은 우리에게 매일 발생하는 예상 밖의 문제들을 파악하고 해결할 수 있는 잠재적 힘과 에너지를 제공하고 있다. 그러나 어리석게도 내일 모레 또는 언제 발생할지도 모르고 또 대부분은 실제로 일어나지도 않는 가상의 문제들과 싸우느라 이 잠재적 에너지를 허비하고 있다.

그러다보니 현재 발생한 실제 문제를 해결할 때는 힘과 에너지가 고갈된 상태가 된다. 그 결과 패배의 처지에 몰리거나 불명예스러운 후퇴를 할 수밖에 없다.

단언컨대 이런 두려움의 뱀파이어를 없애는 법을 알고, 그에 따라 두려움이라는 감정의 소용돌이에서 벗어난다면, 삶이 완전히 다른 방향으로 변하게 될 것이다. 삶이란 게 무엇인지 깨닫기 시작할 것이다. 삶의 실체를 깨닫기 시작하면 두려움이라는 잡초가 제거되고, 건강한 생각, 느낌, 감정, 야망을 키우는 마음을 갖게 될 것이다.

두려움을 극복하고 나면 무능, 자신감 결여, 그리고 기회를 날려버리는 나쁜 감정들이 사라질 것이다. 또 두려움이 사라지면 당신과 만나는 모든 사람에게 희망, 신뢰, 능력을 보여주고, 그들에게 깊은 인상을 주게 될 것이다.

또한 두려움을 없애면 끌어당김의 법칙에 의해 마음 자세와 삶에 큰 변화가 올 것이다. 어떤 것에 두려움을 느끼면, 마치 그것을 원했던 것처럼 그것이 실제로 끌려오게 된다.

그 원리는 다음과 같이 설명할 수 있다. 누군가 어떤 것을 원하거나 두려워하면 그것에 대한 마음속의 이미지를 만들고, 그 이미지는 현실화하려는 경향을 보인다. 그런 이미지를 마음속에 오래 간직하는 것은 그에 해당하는 사물이나 조건을 끌어당기는 셈이 되는 것이다.

어떤 생각을 하느냐에 따라 그 행동이나 존재가 형태화 된다. 끌어당김의 법칙은 내가 간절히 원하면 그 일이 이루어지는 것인데, 내가 걱정하고 두려워하는 것도 같은 원리로 이루어진다. 가만히 있으면 생기지도 않을 일이 두려워하거나 걱정하면 생기는 것이다.

따라서 두려움을 없애지 않는다면, 두려움이 당신이 두려워하는 일로 당신을 끌어당기거나 그쪽으로 밀어붙일 것이다. 두려움은 두려워하는 대상을 당신 주위를 감싸고 펄럭이는 불꽃으로 만든다. 마치 나방이 불꽃 속으로 날아들어 산화하는 것처럼 말이다. 그러니 모든 수단을 동원해서라도 두려움을 내쫓아야 한다.

당신은 "어떻게 두려움을 없앨 수 있나요?"라고 반문할 것이다. 그에 대한 나의 대답은 "매우 쉽게!"라는 한 마디다.

쉽게 어떻게 두려움을 없앨 수 있는지 그 방법을 소개하면 다음과 같다.

방안 가득 어둠이 덮여 있다고 상상해 보라. 어둠을 없애기 위해 어둠을 닦아내거나 삽으로 퍼내겠는가? 그보다는 창문을 열고 빛이 들어오도록 해야 한다. 빛이 들어오면 어둠은 사라진다.

두려움도 마찬가지다. 마음의 문을 열고 용기, 신뢰, 자신감, 희망 등이 들어오도록 해야 한다. 그러면 두려움이 사라질 것이다. 두려움이 마음속에 나타날 때마다, 즉시 '두려움 없음'이란 해독제를 투여하라. 당신 자신에게 "나는 두렵지 않다. 나는 아무것도 두렵지 않다. 나는 할 수 있다"라고 말하라. 환한 빛이 쏟아지게 하라.

내가 생각하는 대로 이루어지는데 왜 걱정하고 두려워하는가? 원하는 바, 꿈꾸는 바를 생각하라. 그러면 그것이 끌어당김의 힘에 의해 당신의 삶에 나타날 것이다.

NO를 거꾸로 쓰면 전진을 의미하는 ON이 된다.
모든 문제에는 반드시 문제를 푸는 열쇠가 있다.
끊임없이 생각하고 찾아내라.

_ 노먼 빈센트 필

9장

긍정적 마음 자세

당신이 할 수 있거나 할 수 있다고
꿈꾸는 모든 일을 시작하라.
새로운 일을 시작하는 용기 속에
당신의 천재성, 능력, 기적이 모두 숨어 있다.

_ 괴테

긍정적 마음자세가
성공을 이루는 키포인트다

"진심으로 생각하면 그 생각대로 된다"라는 격언을 기억할 것이다. 어떤 사람인가를 알려면 그가 어떤 생각을 하고 있는지를 보면 된다. 모든 사람은 그 생각하는 바에 따라 정체성이 결정된다.

크게 보면 인생은 그의 마음 자세에 따라 결정된다.

마음 자세는 그 사람의 생각, 아이디어, 이상, 느낌, 믿음, 희망의 총합이다. 마음 자세는 인격을 형성할 뿐만 아니라, 외부 세계에도 영향을 미친다. 그 영향은 외부 사람들에게 뿐만 아니라, 자신의 몸과 정신 상태, 그리고 미래에까지 영향을 미친다.

그렇다면 이처럼 중요한 마음 자세의 형성에 가장 뛰어난 자원과 가장 좋은 계획과 가장 좋은 도구들을 동원하는 것이 무엇보다도 중요하지 않겠는가?

이 장의 핵심 요지는 다음과 같다.

"긍정적인 마음 자세가 성공을 이뤄낸다"는 논의를 진행하기 전에 '긍정적'이라는 말과 그 반대인 '부정적'이라는 말의 정의를 살펴보겠다. 그리고 어떻게 긍정적인 마음 자세가 성공을, 부정적인 마음 자세가 실패를 가져오는지 살펴보겠다.

나는 긍정적이라는 항목을 자신감, 자기 신뢰, 용기, 에너지, 낙관주의, 기대, 선함, 부, 믿음 등의 의미로 사용한다. 부정적이라는 항목은 두려움, 걱정, 염려, 불신, 비관주의, 무기력, 우울 등의 의미로 사용한다.

긍정적인 마음 자세의 소유자는 자연스럽게 성공한 사람들이 가진 품성을 가지므로 성공에 이르게 된다.

많은 사람은 자신에게 성공을 하기 위한 자질과 품성이 부족하다고, 환경과 조건이 좋지 않다고 한탄한다. 반면에 다른 사람들은 성공을 이루기 위한 자질과 품성이 있으며 좋은 환경과 조건도 갖추고 있다며 부러워한다.

만약 자신도 그들처럼 좋은 자질과 품성과 환경과 조건을 갖추고 있다면 벌써 성공했을 것이라고 말한다. 아직 성공하지 못한 이유를 환경과 조건 탓으로 돌리는 것이다.

하지만 그런 생각은 성공에 이르는 길을 가는데 아무런 도움도 주지 않는다. 더 이상 앞으로 나아갈 수 없게 할 뿐이다. 그들이 저지르는 실수는 그 시점에서 성공을 위한 자질이 부족하기 때문에, 환경과 조건이 좋지 않기 때문에 앞으로도 성공을 기대할 수 없다고 생각한다는 것이다.

성공하지 못하는 것을 당연하게 받아들이는 것이 문제인 것이다. 개선하고, 고치고, 다시 시도하고, 확장할 수 없다는 생각이 많은 사람이 주저앉고 거꾸러지는 이유다.

환경과 조건이 좋지 않다면 내가 만들면 되고, 자질이 부족하다면 노력해서 채우면 되는 것이다.

현재까지 진행된 위대한 과학적 연구 결과에 따르면, 실제로 열심히 노력하고 연습을 하면, 사람의 성격, 기질, 습관을 완전히 바꿀 수 있다고 한다. 즉 바람직하지 않은 성격을 고치고, 새롭고 바람직한 특성, 자질, 능력으로 대체할 수 있다.

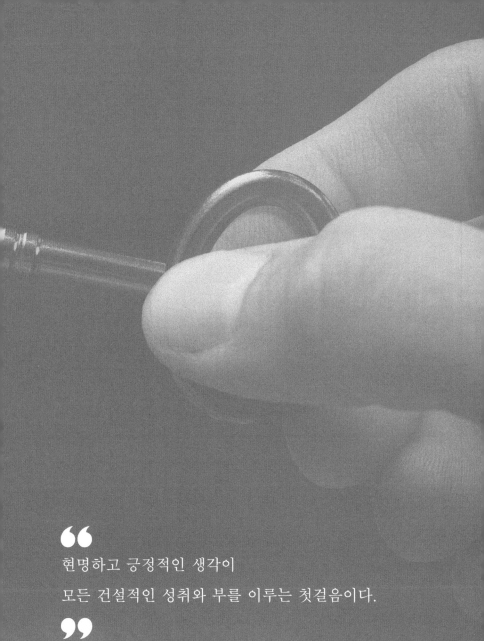

현명하고 긍정적인 생각이
모든 건설적인 성취와 부를 이루는 첫걸음이다.

두뇌는 마음을 표현하는 도구일 뿐이라고 알려져 있다. 즉 마음이 두뇌를 표현의 도구로 사용하고 있다.

마음 자세가 성공에 미치는 영향의 다른 측면에 대해서도 살펴보자.

우선 한 사람의 마음 자세가 다른 사람들에게 미치는 영향에 대해서 설명해 보겠다. 당신은 다른 사람들에게 자신의 도발적인 인상을 심어주기 위해 오랫동안 멈춰선 채 그들을 대면해본 적이 있는가?

만약 당신이 절망, 두려움, 자신감 결여와 다른 부정적인 기질을 갖고 있다면, 다른 사람도 당신에게 그런 부정적 마음을 갖게 된다.

어떤 사람이 당신과 비즈니스를 하려고 당신 앞에 나타나는 경우를 생각해 보자.

만약 그가 자신감이 없고, 팔려는 제품도 성의 없이 설명하고 소극적이라면 당신은 금방 그의 마음 상태를 느낄 수 있을 것이다. 그를 신뢰하지도 않고 그가 제시하는 제품도 마음에 들지 않을 것이다. 당신은 그의 마음 상태를 금방 알아채고, 그와의 협상을 거부할 것이다.

하지만 열정, 성공, 자신감, 적극적, 당당함이 가득한 모습을 보이는 사람이 있다고 생각해 보자. 그는 당신과의 협상에 성공할 가능성이 높다. 당신은 그를 잘 살펴보게 될 것이고, 그가 추천하는 제품에 흥미를 보이고, 기꺼이 그와 비즈니스를 하기 원하게 될 것이다.

당신은 실패, 좌절, '나는 할 수 없어'라는 부정적 생각을 주위 사람에게 전하는 사람을 알고 있는가? 당신은 그들의 생각에 동요되고 영향을 받은 적이 있을 것이다.

또한 용기, 열정, 적극적, 도전적, 에너지에 충만한 사람을 알고 있는가? 그 사람을 만나면 당신도 그의 기운을 받아 기분이 좋고 긍정적이 되며 업되는 경험을 한 적도 있을 것이다.

나는 사람들 각자의 주위를 둘러싸고 있는 분위기가 있다고 생각한다. 만약 당신이 그걸 느낄 수 있다면 거부하거나 끌어당기는 분위기를 느낄 수 있을 것이다. 이런 분위기는 그 사람의 생각이나 삶에 대한 마음 자세의 결과물이다.

이 점을 조금 더 생각해보라. 그러면 당신은 금방 끌어당김의 법칙이 어떻게 작용하는지 알게 될 것이다.

성공에 미치는 마음 자세의 영향에 대한 또 다른 예는 끌어당김의 힘이라고 할 수 있다. 사고력 있고, 주의 깊은 사람들은 '유유상종'이라고 불리는 끌어당김의 법칙에 대해 주목하고 있다.

마음 자세는 물건, 대상, 상황, 환경 뿐만 아니라 그의 마음 자세와 어울리는 사람들을 끌어당기는 자석 같은 역할을 한다. 우리가 성공에 대한 확신을 갖고 있다면 성공하는 방법과 도움을 주는 사람들이 연결되고 긍정적인 마음 자세가 지속적으로 길러진다.

금전적인 성공, 즉 돈을 버는 데 집중하면, 우리의 마음 자세는 점차 돈을 버는 아이디어를 생각해 내고 그걸 공고히 하게 된다. 또한 주위 사람으로부터 돈을 벌 수 있는 아이디어를 듣게 되고, 돈을 벌 수 있는 상황과 기회가 생긴다.

당신은 이게 꿈같은 얘기라고 생각하는가? 그렇다면 큰 부자가 된 사람에 대해 상세히 연구해 보라. 그리고 그 사람이 돈을 벌려고 아등바등했는지 살펴보기 바란다.
그들은 긍정적인 마음 자세를 유지하면서 노력하고 기회가 왔을 때 그것을 잡았을 뿐이다.

당신의 마음을 어떤 일에 확실하게 집중해 보라. 그러면 당신이 그것을 당신에게 끌어당기거나, 끌어당김의 법칙에 의해서 당신이 그것에 끌려가게 된다는 것을 알게 될 것이다.

원하는 것을 당신에게 끌어당기려면 마음속에 그것을 생각하고 계속 붙잡고 있어야 한다. 이것은 미신적인 것이 아니라, 과학적으로 확고하게 증명된 사실이다.

'유유상종', '끼리끼리 모인다'와 같은 끌어당김의 법칙에 대한 예를 들기 위해, 유명한 학자들이 연구한 이론을 소개하겠다.

대기 중의 공기 흐름이나 대양의 해류처럼 정신 영역에도 생각의 흐름이 있다. 예를 들어 악한 생각의 흐름과 선한 생각의 흐름, 두려움이라는 생각의 흐름과 용기라는 생각의 흐름, 미움이라는 생각의 흐름과 사랑이라는 생각의 흐름, 가난이라는 생각의 흐름과 부라는 생각의 흐름 등을 들 수 있다.

가난에 대해 생각하고 얘기하고 걱정만 하는 사람은 세상의 흐름 속에서 가난을 끌어당기게 된다. 동시에 그는 그와 유사한 생각을 하는 사람들을 끌어당기게 된다.

반면에 부와 번영을 생각하고 얘기하고 기대하는 사람은 부자를 끌어당기거나 부자에게 끌려가서 부를 얻을 기회를 갖게 된다. 결국 부를 얻게 되고 그들처럼 부를 누리게 된다.

'나는 왜 부자가 되지 못할까?' 생각해 보라. 부자가 되지 못할 것이라고 생각하고 포기하고 있기 때문은 아닌지 돌아보자. 우리의 생각과 말을 살펴보자. 가난에 대한 생각을 없애고, 부와 번영의 생각으로 채워야 하지 않겠는가?

마음속에서 '나는 할 수 없어', '나는 운이 없나봐', '한다고 그게 쉽게 되겠어?', '불쌍한 나' 등과 같은 부정적인 생각들을 몰아내라. 그리고 성공, 신뢰, 부, 당신이 원하는 것을 기대하는 긍정적이고, 열정적이고, 힘이 넘치는 생각으로 채워 넣어라.

철 무더기가 자석에 끌려 가듯이, 당신도 끌어당김의 법칙에 반응하여 당신을 성공의 반열에 오르게 할 것이다. 바로 지금 이 순간 마음 자세를 바꾸라. 그것을 기대하고 바라고 열망하라. 그것이 성공과 부에 이르는 길이다.

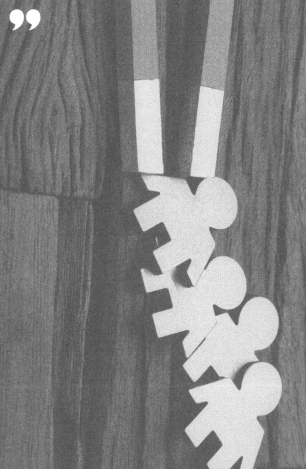

> 당신은 인간 자석이다.
> 당신의 성격과 마음 자세가 유사한 사람들을
> 지속적으로 당신에게 끌어당긴다.

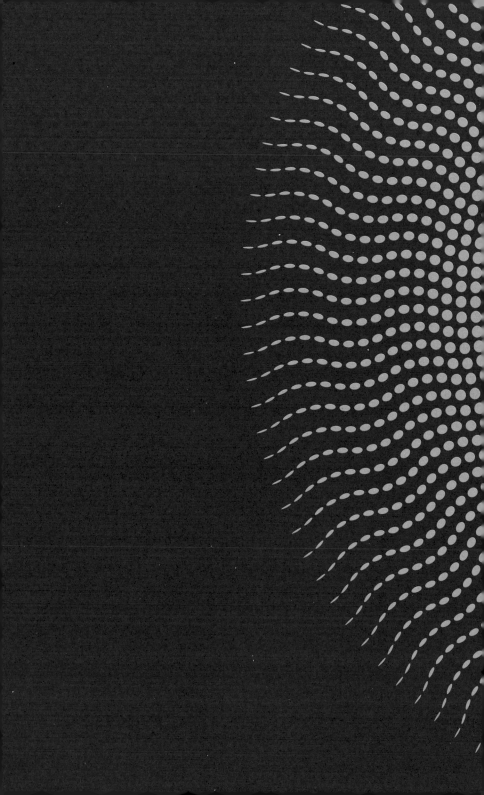

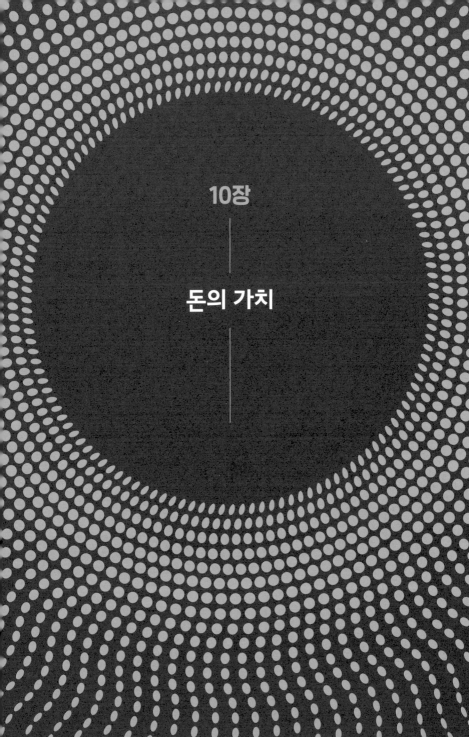

10장

돈의 가치

재산이 많은 사람이 그 재산을 자랑하고 있더라도

그 돈을 어떻게 쓰는지 알 수 있을 때까지는

그를 부러워하지 말라.

_ 소크라테스

돈을 버는 것보다
가치있게 사용하는 것이 더 중요하다

돈에는 여러 가지 용도가 있다.

돈의 가장 중요한 용도는 음식, 주거, 의복 같은 기초적인 필수 용품을 사기 위한 것이다. 돈의 이 용도는 세상 사람 모두에게 적용된다.

그러나 삶에는 필수적인 것들 이외에 필요한 것들도 많이 있다. 그래서 돈의 다른 용도가 중요해진다.

돈의 두 번째 용도는 질병을 얻어 치료를 해야 하거나 비상시를 위한 것이다. 또한 삶의 어느 순간에 대부분의 사람은 더 이상 일을 할 수 없게 되는데, 이때도 돈이 도움을 준다.

돈의 세 번째 용도는 풍요로운 삶을 살기 위한 것이다. 여기에는 여행, 취미생활, 맛있는 식당에서 식사하는 것, 돈 걱정하지 않고 사고 싶은 물건을 사는 것 등이 포함된다. 다시 말해서 기본적인 생활이 충족되고, 비상시에 필요한 돈을 준비하고 나면, 삶을 즐기는 데 돈을 사용할 수 있다.

마지막으로 돈의 네 번째 용도는 도움이 필요한 사람들을 돕기 위한 것이다. 돈은 나 자신만을 위한 것이 아니다. 당신이 선택한 사람들을 돕기 위해 필요하다.

대학 교육을 받기 원하지만 돈이 없어서 공부하지 못하는 젊은이들을 돕거나, 교회에 헌금할 수도 있다. 또 지역 사회를 돕거나 의학 연구 기금으로 기부할 수도 있다. 고아나 소년소녀 가장에게 생활비의 일부를 보내 줄 수도 있고, 불치병에 걸려 고통받고 있는 사람의 치료비를 보탤 수도 있고, 노인들에게 따뜻한 마음을 전할 수도 있다.

돈은 어디에 쓰느냐에 따라 가치가 달라진다.

물론 자신의 돈이니 자기자신을 위해 쓰든 저금을 하든 다른 사람을 위해 쓰든 자신의 마음이 정한대로 하는 것이다. 세상이 고통을 받고 있는데도 불구하고 다른 사람의 고통에는 눈을 감고 나

돈이 있고 그 돈으로 살 수 있는
물건이 있다는 건 좋은 것이다.
하지만 돈으로 살 수 없는 것을
잃고 있는 건 아닌지 확인하는 것은
더 좋은 일이다.

_ 조지 로리머

의 통장에 더 저금을 할 수도 있고, 내가 가진 것은 적지만 다른 사람의 고통을 조금이라도 줄여주기 위해 도움을 주며 살 수도 있다. 또 자신의 취미나 건강을 위해, 삶을 풍요롭게 하는 데 돈을 사용할 수도 있다.

그 선택은 전적으로 자신의 마음에 달려 있다. 가장 중요한 것은 자신의 마음이 평안하도록 하는 것에 있다.

다른 사람의 고통에 아무런 울림이나 연민이 없고 나를 위해 돈을 쓰는 것이 마음이 편하다면 그렇게 해도 된다. 하지만 나만을 위해 돈을 쓰는 것이 마음이 편치 않다면, 도움의 손길을 필요로 하고 고통받는 사람을 보았을 때 마음이 동하고 연민이 느껴진다면 나의 손을 펴서 돕는 것이 정답이다.

돈은 있다가도 없는 것이고 돈이 삶의 목적일 수는 없다. 돈을 버는 것도 중요하지만 돈을 가치있게 사용하는 것이 더 중요하다. 돈을 위해 마음의 평안을 버리지 말고 마음의 평안을 위해 돈을 사용하라.

다른 사람에게 친절하고 관대한 것이
자기 마음의 평화를 유지하는 길이다.
남을 행복하게 할 수 있는 사람만이
행복을 얻을 수 있다.

_ 플라톤

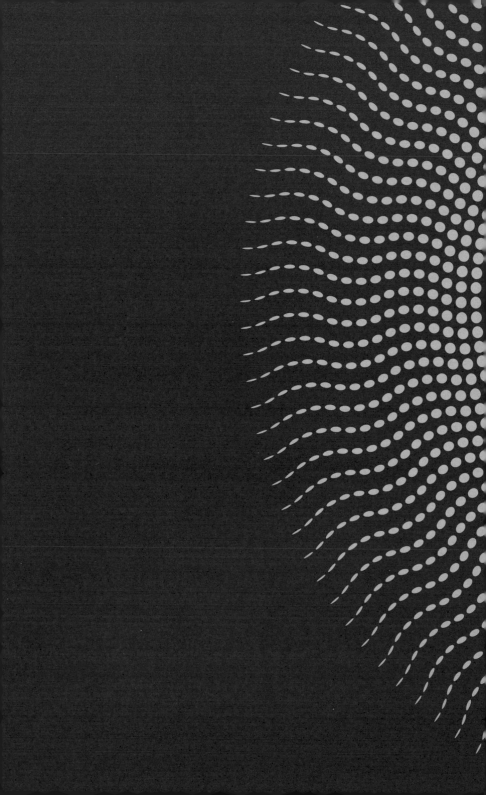

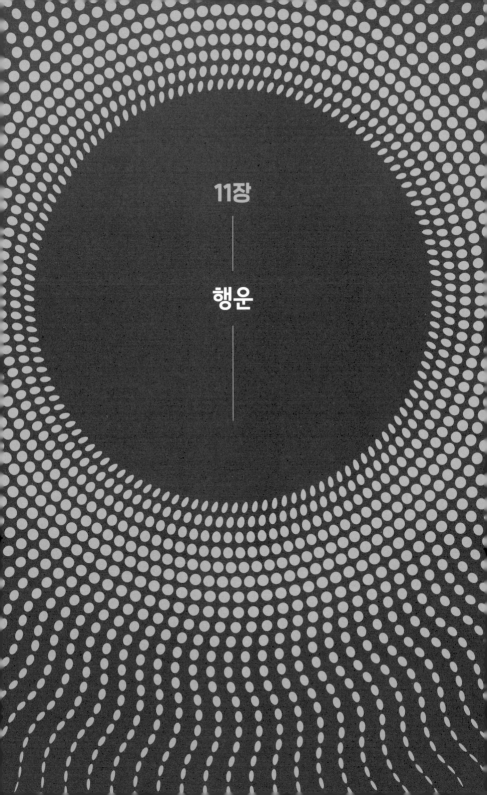

11장

행운

노력이 적다면 얻는 것도 그만큼 적다.

인간의 재산은 그의 노고에 달렸다.

_ 헤리크

요행을 바라지 말라.
모든 것은 노력의 대가다

부를 획득하는 데 실패한 많은 사람은 부를 획득한 사람들이 신으로부터 복을 받은 행운아라고 생각한다. 하지만 그것은 사실이 아니다. 운이 아니라, 그들의 비전과 노력이 부를 가져온 것이다.

제임스 알렌의 다음 에세이가 이를 잘 증명해준다.

생각이 없고, 무식하고, 게으른 사람은 현상 자체보다는 현상이 겉으로 드러난 결과만 보고, 운이니 행운이니 기회였느니 라고 얘기한다.

그들은 어떤 사람이 부자가 된 것을 보고, "그는 얼마나 행운아인가!"라고 말한다. 지적 능력이 뛰어난 사람을 보면 "그는 얼마나 많은 혜택을 받았는가!"라고 외친다. 고상한 인격을 갖추고 영향력이 큰 사람을 보면 "그는 인복이 있고 그에게는 좋은 기회가 많이 오는구나!"라고 빈정거린다.

그 사람들이 성취하기 위해 기울였던 노력, 열정, 몸부림을 보지 못한다. 그 사람들의 희생, 뼈를 깎는 듯한 인내, 끊임없는 노력, 고난을 극복하고 역경을 딛고 일어난 용기, 포기하지 않는 꿈, 반드시 이룰 것이라는 확고한 믿음에 대해서는 알지 못한다.

성공에 이르기까지 겪어야 했던 힘들고 고된 과정은 알지 못하고 오로지 결과만을 보고 그것을 운이라 치부한다. 과정은 이해하려고도 하지 않고, 결과만 받아들여서 그걸 기회, 행운이라고 치부한다.

제임스 알렌은 "인간의 모든 일에는 노력이 들어가 있고, 그에 따른 결과가 뒤따른다. 노력의 강도가 결과의 척도가 된다. 재능, 권력, 물질, 지적이고 정신적인 소유물은 노력의 결과물이다. 그것들은 생각을 완성한 것이고, 목표를 성취한 것이고, 비전을 실현한 것이다. 당신은 마음속에 간직한 비전과 아이디어에 의해 당신의 삶을 구축할 것이고, 또 당신은 그 비전과 아이디어 속의 사람이 될 것이다"라고 말했다.

삶에 있어서 최악의 날은
가만히 앉아서 어떻게 하면 공짜로
무언가를 얻을 수 있을까
생각하기 시작한 바로 그 순간이다.

_토마스 제퍼슨

세상에 공짜로 얻어지는 것은 아무것도 없다. 모든 것은 노력에 대한 대가로 얻어지는 것이다. 만약 노력하지 않고 얻은 것이 있다면 그것은 행운이 아니라 불행의 씨앗이 되고 또 물거품처럼 사라질 것이다.

노력하지 않은 채 요행을 바라거나 누가 해줄 것을 기대하지 말라. 내가 노력해서 얻어야 한다.

어떤 것도 대가 없이 얻어지는 것은 없다.

일한 만큼 노력한 만큼 받게 되어 있다.

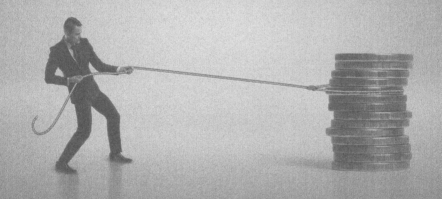

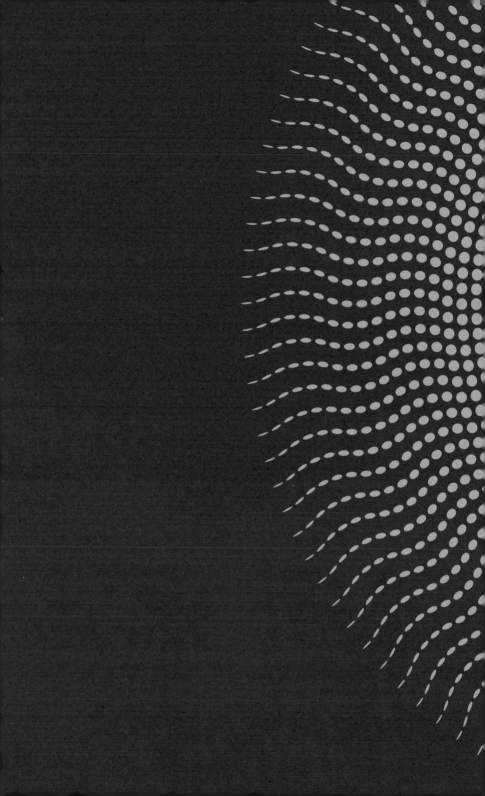

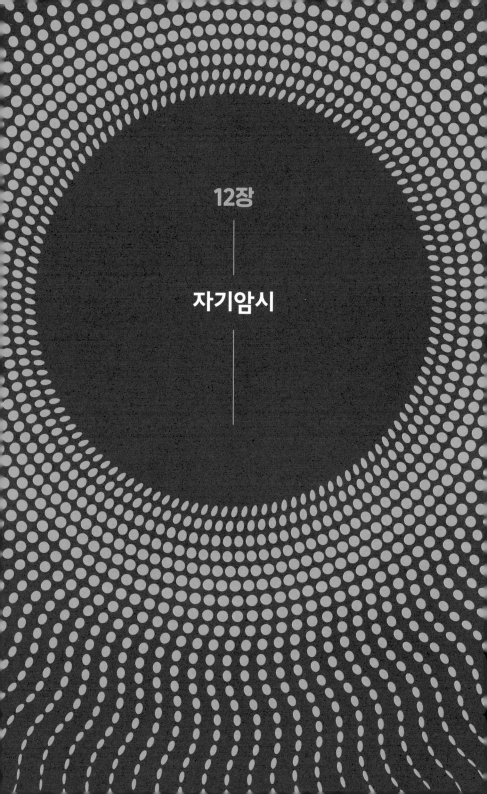

12장

자기암시

자기 자신을 믿자.

자기의 모든 능력에 대해서 신념을 갖자.

올바른 신념을 갖지 않고서는

우리는 성공할 수도 행복해질 수도 없다.

_ 노만

자기암시를 통해
한계를 뛰어넘으라

자기암시란 오감(시각, 청각, 후각, 촉각, 미각)을 통해 자기 마음에 주는 암시나 자극을 말한다. 일종의 자기최면이라고 할 수 있는 자기암시는 잠재의식이 발현되는 매개체다. 자기암시는 우리의 지배적인 생각이나 소원을 잠재의식에 주입함으로써 우리의 행동에 영향을 준다는 단순한 의미다.

우리의 감각을 통해 들어오는 모든 자극은 처음에는 의식에 머무른다. 왜냐하면 우리가 당면한 문제가 무엇이든 간에 그걸 받아들이거나 거부하는 노력이 이루어지는 곳이 의식이기 때문이다. 의식적인 생각은 잠재의식을 보호하거나 방어하는 생각이라고 여겨질 수 있다. 왜냐하면 의식은 잠재의식으로 들어오는 것들을 통제할 수 있기 때문이다.

자기암시는 중요하다. 자기암시를 이해하고 응용하는 사람들이 성공한다는 것은 이미 증명된 바다. 반면에 자기암시는 파괴적인 방법으로 사용될 수도 있다. 자기암시의 원칙을 부정적으로 사용하면 비참하고 가난한 삶으로 귀결되는 것이다.

사람은 누구나 자기의 생각을 가지고 있다. 긍정적인 생각, 부정적인 생각이 마음을 혼란스럽게 하기도 한다. 그런데 잠재의식은 긍정적인 생각과 부정적인 생각을 구별하지 않는다. 잠재의식은 잠재의식에 주어진 생각을 그에 상응하는 실체로 전환한다. 자신감, 열정적, 성공, 부, 도전, 희망 등 긍정적인 생각은 긍정적인 실체로 전환하고, 두려움, 좌절, 실패, 가난, 포기 등 부정적인 생각도 부정적인 실체로 전환한다.

마치 전기가 적절히 사용하면 많은 혜택을 주고, 잘못 다루면 피해를 주고 삶을 파괴하듯이, 자기암시의 원칙도 이와 마찬가지다. 부자로 살기를 원하는지, 가난하게 살기를 원하는지에 따른 잠재의식에 의해 삶이 달라진다.

잠재의식은 또한 비옥한 밭과 같다. 하지만 그 땅이 아무리 기름지다 해도 씨앗을 뿌리지 않고 내버려두면 머지않아 잡초만 무성하게 자란다. 잠재의식도 마찬가지다. 긍정적인 자기암시가 주어지면 잠재의식은 당신이 바라는 것을 가꾸어 발전시킨다. 그러나 그냥 내버려두면 가능성에 가득 찬 잠재의식도 잡념에 점령되어 망가지고 만다.

아마도 당신은 자기암시가 어떻게 작용하는지 궁금할 것이다. 잠재의식 속에 생각이나 소원의 씨앗을 뿌리는 가장 좋은 방법 중의 하나는 반복이다.

자신에게 어떤 것이든 성취할 수 있다고 계속 반복해서 말해야 한다. 그렇게 하면 두려움, 걱정, 부정적인 생각을 통해 마음속에 형성되었던 모든 한계들이 사라지게 된다.

공부, 악기, 운동 등을 잘 하려면 연습하고 반복해야 되는 것처럼 원하는 것을 반복해서 말함으로 잠재의식 속에 심어야 한다.

잠재의식 속에 당신의 명확한 중점 목표를 새겨 넣는 가장 좋은 방법은 당신의 목표를 적어놓고, 하루에 최소 두 번 이상 그 목표를 읽는 것이다.

목표를 명확하게 정하여 써놓는 것은 당신이 원하는 것을 잠재의식에 새겨 넣는 셈이다. 그것을 반복해서 읽음으로써 당신의 목표가 실제의 일로 전환될 수 있도록 하는 생각 습관을 길러야 한다.

규칙적으로 반복되는 생각은 마음속에 영원히 새겨지고 잊혀지지 않는다. 초등학교 때 외운 구구단이 노인이 되어서도 잊혀지지 않는 것처럼 잠재의식에 새겨진 목표, 생각, 습관도 반복적으로 마음에 새길 때 잊혀지지 않는다.

그러나 잠재의식에 새긴 목표와 생각이 행동으로 드러나고 열정을 갖기 위해서는 잠재의식에 적용하는 특정한 지침이 있어야 한다. 잠재의식은 생각에 믿음과 열정이 실려야만 작용을 한다. 삶에서 자기암시를 통해 원하는 결과를 얻지 못하는 것은 생각만 하고 믿음과 열정을 다하지 않았기 때문이다.

생각한 것이 행동으로 옮겨지려면 시간과 인내가 요구된다. 잠재의식에 도달해서 움직이려면 그 대가를 치러야 한다. 잠재의식에 영향을 주는 능력을 갖는데 대한 대가는 지속적인 집요함이다.

대가를 치르지 않고도 이 능력을 갖게 될 것이라고 기대해서는 안 된다. 끈질긴 노력으로 그에 대한 대가를 치러야 잠재의식에 새겨지고 열매를 맺을 수 있다.

자기암시에 대한 원칙은 평균의 법칙을 적용받지도, 편파적이지도 않다. 이 원칙은 그들의 지위나 부에 상관없이 모든 사람에게 작용할 것이다.

실패를 경험했다고 해서 자기암시의 원칙을 비난해서는 안 된다. 이 원칙은 제대로 작용했고, 잘못은 그 사람에게 있다. 실패를 하더라도 계속 시도하고, 성공할 때까지 또 다른 노력을 계속해야 한다. 성공으로 가는 길에 꾸준함을 대신할 수 있는 것은 아무것도 없다.

자기암시의 힘을 활용하는 능력은 욕구가 강박관념이 될 때까지 그 욕구에 집중하는 능력에 크게 좌우된다. 집중의 원리를 연구하라. 집중을 하면 목표가 잠재의식에 아로새겨지고, 이를 통해 습관이 될 때까지 한 가지 원하는 목표에 집중하는 것이 얼마나 중요한지 알게 될 것이다.

잠재의식은 절대적인 믿음이 주는 명령을 받아들인다. 그리고 그 명령에 따라 행동한다. 반복적으로 생각하고 믿는 것은 잠재의식에 이 명령에 대한 더 깊은 인상을 더해주는 셈이 된다.

만약 그 목표가 달성되지 않았다면 그 목표가 달성될 때까지 잠재의식에 지속적으로 반복해서 명령하는 것이 중요하다.

잠재의식은 긍정적인 생각과 마찬가지로 부정적인 생각도 받아들인다는 사실을 기억하라. 여기에는 어떠한 차이나 판단이 존재하지 않는다. 따라서 긍정적인 생각을 하는 사람에게는 축복이지만, 두려워하거나 부정적인 생각을 하는 사람들에게는 불행이 되는 것이다.

잠재의식에 심어진 생각은 항상 그에 상응하는 실제 상황을 만들어낼 것이다. 상상력은 목표 성취에 도움을 줄 수 있다. 또한 명확한 중점 목표를 달성하는 데 도움을 주는 계획을 세우는 데도 매우 유용하다.

하지만 성공으로 향하는 여행을 떠나기 위한 명확한 계획을 세우기 위해 필요한 모든 단계를 포함하여 그것을 수립할 때까지 기다릴 필요는 없다.

부자가 되고 싶다는 생각이 간절하면, 잠재의식이 적절한 시기에 적절한 계획을 제시하고, 그 계획에 대해 대비책을 마련한다고 믿어라. 그리고 그 계획이 모습을 나타내면 바로 행동을 취해라. 명확한 중점 목표 성취에 필요한 계획들이 모습을 나타내면, 그 계획들은 당신의 마음속에 아이디어의 형태로 불꽃을 일으키

당신이 가진 유일한 한계는
당신 마음속에 만들어 놓은
한계라는 것을 명심하라.

는 것처럼 나타난다. 이 아이디어, 영감, 메시지는 무한 지성으로부터 날아오는 직통 무선신호다. 그 메시지를 소중히 받아들이고, 곧바로 그에 맞춰 행동을 하라. 마치 그렇게 하지 않으면 성공에 치명적인 오점이 될 수 있다는 듯이.

나의 성공 원칙을 마음을 열고 공부하면, 당신은 삶에서 보다 더 좋은 결과를 얻을 것이다. 하지만 여기 제시된 모든 지침을 읽는 것만으로는 충분하지 않다. 원하는 것을 얻을 수 있다는 확신을 갖고 행동으로 옮겨야만 한다.

삶의 명확한 중점 목표를 개발하는 첫 번째 단계는 방해받지 않는 조용한 장소로 가서 눈을 감는 것이다. 그리고 가장 원하는 것이 무엇인지 찾고, 그 원하는 것을 반복해서 크게 외쳐야 한다. 이 방법이 유익한 이유는 목표를 외치면 당신의 잠재의식에 새겨지기 때문이다.

다음으로는 성취하길 원하는 것을 문장으로 적어보는 것이다. 만약 당신이 돈을 원한다면, 원하는 정확한 액수를 정하고, 그걸 성취하는 데 소요될 시간에 대해서도 생각해야 한다. 또한 그 돈을 얻는 대가로 제공해야 할 것들에 대해서도 명확히 적어라. 이 지침을 실행한다면 당신은 성공 가도에 빠르게 올라서게 될 것이다.

지금부터 5년 후까지 2만 달러를 지금하기 원한다고 가정해 보자.

그 돈을 벌기 위해서는 그에 상응하는 제품이나 서비스를 팔아야 한다. 아마도 당신이 회계사나 변호사 또는 의사로 일할 수도 있겠지만, 그럴 여건이 아니라면 세일즈맨이 될 것이다. 당신의 목표가 무엇이든 간에, 그 목표에 이르기 위해서는 당신이 무언가를 제공해야만 한다. 동일한 대가를 지불하지 않고서 무언가를 얻을 것이라고 기대할 수는 없다.

개인적인 목표 문장을 다음과 같이 작성할 수 있을 것이다.

"나는 5년 후에 2만 달러를 소유할 것이다. 이 돈을 벌기 위해서, 내가 할 수 있는 최고의 효율적인 서비스를 제공할 것이다. 고객에게 최상의 서비스를 제공할 것이다.

나는 이 돈을 소유하게 될 것이라고 확신한다. 내 믿음은 너무 강해서 지금 그 돈을 눈으로 볼 수도 있고, 손으로 만질 수도 있다. 그 돈은 지금 송금 대기 중이다. 나는 그 돈을 버는 데 필요한 계획을 세우는 중이고, 그 계획이 세워지는 즉시 계획에 따라 움직일 것이다."

명확한 중점 목표를 달성할 때까지, 매일 아침저녁으로 당신의 개인적인 목표 계획서를 반복적으로 크게 외쳐라.

자기암시의 목적은 당신의 생각과 아이디어를 잠재의식에 집어넣는 것이다. 잠재의식은 감동을 주는 생각과 확신의 느낌이 전달될 때만 활동을 한다. 감정과 확신이 강하면 강할수록, 당신의 목표는 더 잘 이루어질 것이다.

초기에는 이 지침이 생각이나 아이디어에 불과해서 당신에게 영향을 미치지 않는 것처럼 보일 수도 있다. 설사 그 지침이 이해가 잘 되지 않거나, 또 그 원칙이 아무리 비현실적인 것처럼 보일지라도, 그 지침을 따라라.

만약 당신이 인내심과 확신을 갖고 그 지침에 따라 행동한다면, 조만간 우주의 힘이 당신을 감쌀 것이다.

설사 새로운 아이디어에 회의적이더라도, 당신만 그러는 게 아니라는 사실을 기억할 필요가 있다. 개인적으로나 국가적으로도, 모든 변화는 하나의 아이디어에서 비롯된다는 사실을 기억하라. 그런 아이디어도 결과로 나타나기 전까지는 이상하고, 비현실적이고, 성취불가능하다고 여겨지곤 했다.

철학자들은 사람이 자기 운명의 주인이라고 자주 말하곤 했다. 사람이 자신과 그 환경의 주인이라고 하는 가장 큰 이유는 그가 자신의 잠재의식에 영향을 주는 힘을 가졌고, 그 힘을 통해서 무한한 지혜의 협조를 받기 때문이다.

다음은 윌리엄 헨리(William E. Henry)의 〈굴하지 않는 영혼〉이라는 시다. 자기암시의 엄청난 힘과 더불어 목적 달성에 있어서 믿음과 인내의 역할을 아름답고 극적인 모습으로 보여주고 있다. 어떤 어려움이 있어도 잘 극복하겠다는 강한 의지를 담고 있다.

나를 둘러싸고 있는 밤은
온통 칠흑 같은 어두움
나는 어떤 신이든, 그에게 감사하노라.
나에게 정복당하지 않는 영혼을 주셨기에

잔인한 환경 속에서도
나는 움츠러들거나 큰 소리로 울지 않았다.
운명의 몽둥이세례를 받아
내 머리가 피투성이가 되어도 나는 굴복하지 않으리라.

분노와 눈물의 이 땅 너머에
어둠의 공포만이 어렴풋이 보인다.
수년 동안 재앙을 겪어도
나는 두려워하지 않을 것이다.

아무리 문이 좁고 아무리 많은 형벌이 나를 기다리더라도
나는 개의치 않을 것이다.
나는 내 운명의 주인이요,
나는 내 영혼의 선장이다.

12장
자기암시

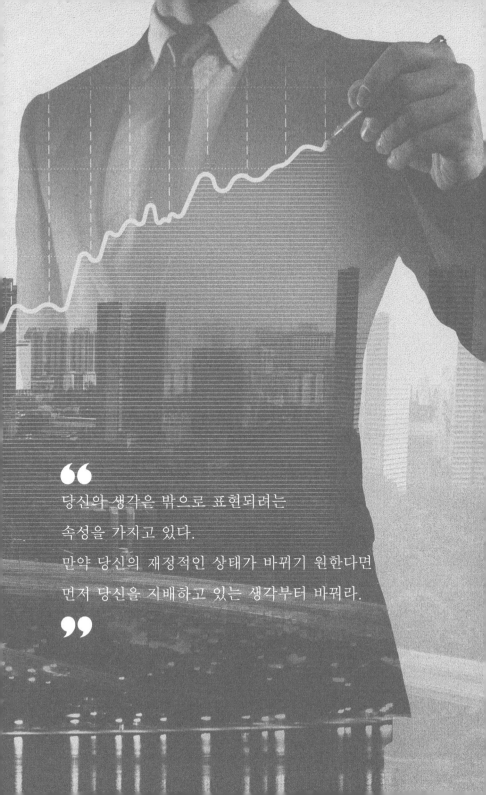

> 당신의 생각은 밖으로 표현되려는
> 속성을 가지고 있다.
> 만약 당신의 재정적인 상태가 바뀌기 원한다면
> 먼저 당신을 지배하고 있는 생각부터 바꿔라.

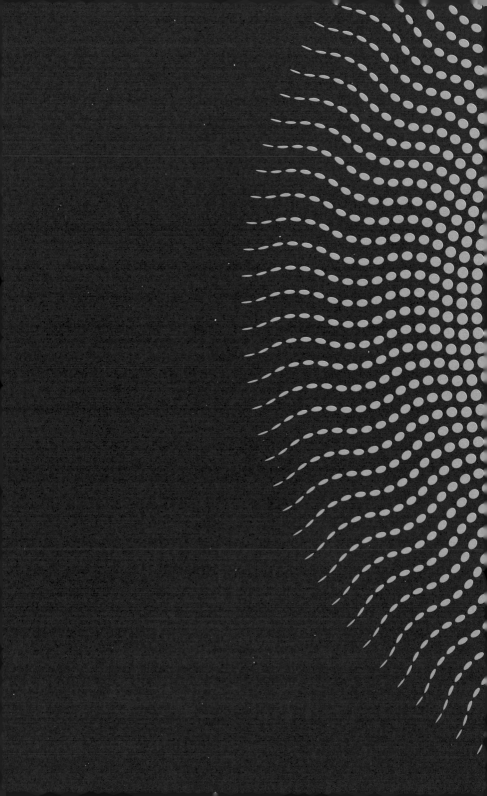

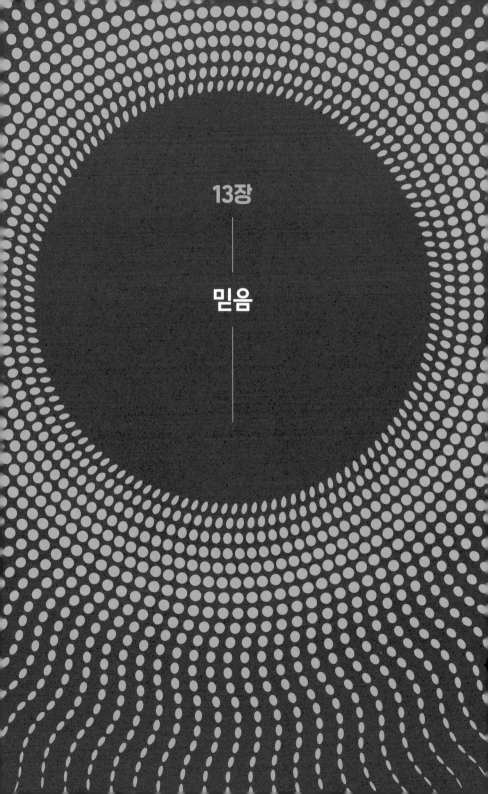

13장

믿음

> 당신이 할 수 있다고 믿는다면
> 반드시 그 일을 해낼 수 있을 것이다.
>
> _ 나폴레온 힐

믿으면 능치 못함이 없다. 믿고 나아가라

기적은 매일매일 일어난다. 모든 기적을 일으키는 가장 큰 요소는 믿음이다.

역사적으로 보면 기적이 인간의 진로를 바꿔놓았고, 세상 모든 사람에게 혜택을 주었음을 알 수 있다.

에디슨은 수천 번을 실패해도 끝까지 포기하지 않고 연구를 거듭해 백열전구를 발명했다. 그는 또 인간의 목소리를 녹음했다가 재생하는 축음기를 우리에게 선물해 주었다. 축음기 덕분에 강의와 음악을 집에서 편안하게 즐길 수 있게 되었다. 이 기적은 에디슨이 어떤 난관이 닥쳐도 그의 목표를 완수할 수 있다는 믿음을 가졌기 때문에 가능했다. 믿음만큼 강하게 그에게 도움을 주었던 힘은 없을 것이다.

자신의 능력의 한계를 뛰어넘지 못하고, 비관적이고, 불행하다고 느끼고, 두렵다고 믿는 것들은 대부분 실상이 아니다. 많은 사람이 현 시대에서는 더 이상의 기회가 없다고 믿는다. 즉 모든 발명과 제품과 쓸모 있는 아이디어는 동이 났다고 생각한다. 그러나 이는 사실이 아니다.

이에 대한 증거는 러셀 콘웰(Russell Conwell)의 저서인 《다이아몬드의 땅(Acres of Diamonds)》에서 찾을 수 있다. 이 책의 메시지는 우리가 기회를 잡으려고 할 때 멀리 가서 찾을 필요가 없다는 것이다. 그 대신에 믿음만 갖는다면 우리가 있는 바로 그 자리에서 많은 기회를 찾을 수 있다고 말한다.

만약 우리가 할 수 있을 것이라는 확실한 믿음만 갖고 있다면, 어디에서나 기회를 찾을 수 있다. '남의 떡이 더 커 보인다'는 말이 있듯이 남의 떡이 실제로는 크지 않지만 그렇게 느낀다. 내 안의 보물을 보지 않고 쓸데없이 더 나은 것을 찾아 헤매고 있는 것이다. 그런 사람은 절대 성공에 이르지 못하고, 실패만 거듭하게 된다.

라이트 형제는 전에 누구도 하지 않았던 일을 자신들이 해낼 수 있다는 믿음을 가졌다. 그들은 수년 동안 수많은 시행착오를 거쳤지만 비행기가 하늘로 날아오를 때까지 위험한 실험을 수없이 반복해서 시도했다. 불가능한 것을 가능하게 만들 수 있다는 믿음의 행동이 세상을 바꿨다.

그들의 업적으로 인해 먼 곳으로 쉽게 이동할 수 있게 되었고, 사람들끼리 더 가까워질 수 있었다. 세상은 이제 더 이상 예전의 세상이 아니다. 라이트 형제가 할 수 있다는 믿음을 가지지 않았다면 이런 일은 일어날 수 없었을 것이다. 나는 젊은 기자로서 그들의 성공적인 첫 비행을 목격했으며, 그 경험을 평생 잊지 못할 것이다.

콜럼버스가 신대륙에 이르는 항로를 찾기 위해 항해를 시작했을 때, 그는 믿음에 따라 행동을 했다. 새로운 항로를 찾는다는 막막함 속에서도, 쉽게 발견되지 않는 긴 싸움 속에서도 그는 새로운 항로를 찾을 수 있다고 굳게 믿었다.

니나(the NINA), 핀타(the PINTA), 산타 마리아(the SANTA MARIA)라는 세 척의 작은 배를 이끌고 대서양을 건너는 데는 아주 큰 용기와 믿음이 필요했다. 그 길은 멀고 위험한 여행길이었다. 지금도 위험한 여행길인데 그 때는 어느 정도였는지 가늠하기도 힘들 정도다.

인도의 역사를 공부하다보면 마하트마 간디(Mahatma Gandhi)가 그의 신념과 목표를 위해 믿음을 사용했음을 금방 알게 될 것이다. 그는 믿음으로 2억 인구가 힘을 합치도록 만들어, 총 한 방 쏘지 않고 세계에서 가장 강력한 군대를 격파했다. 간디는 행동으로 뒷받침되는 믿음이 극적인 변화와 긍정적인 결과를 가져올 수 있다는 것을 증명해 보였다.

아인슈타인은 믿음을 통해 마음속의 모든 한계를 없애버렸다. 그 결과 다른 사람들이 몰랐던 수학적, 과학적 원리를 발견해낼 수 있었다. 아인슈타인은 이 발견을 이루어낼 수 있다는 믿음을 마음 가득히 가지고 있었다. 만약 그가 두려움, 의심, 학계로부터의 비판에 대한 우려, 또는 다른 부정적인 생각을 갖고 있었다면 이런 경이적인 발견은 할 수 없었을 것이다.

이와 아주 유사하게 조지 워싱턴(George Washington)도 믿음을 활용하여 밸리 포즈에서 영국을 상대로 큰 승리를 거두었다. 적이 무기와 군인 수에서 훨씬 더 우위를 보이는 전투였는데도 말이다. 이러한 강인한 믿음과 신념은 국민들이 자유를 쟁취할 수 있도록, 세계에서 가장 위대한 국가들 중 하나를 건설하도록 돕는 데 기여했다.

66

비관적이고 의심이 많은 사람에게
호의적인 일은 일어나지 않는다.
어떤 일을 할 수 없다고 생각하는 사람은
그 일을 절대로 할 수 없다.
그는 계속 불가능한 이유를 찾고
핑계를 댈 것이다.
하지만 할 수 있다고 믿는 사람에게는
좋은 일이 생긴다.
그는 그 일을 이루기 위한 방법을 찾고 노력하면서
이루어질 것을 믿으며 나아가기 때문이다.

99

만약 당신의 세계가 한계, 고통, 의심, 결핍 등으로 가득 차 있다면, 이는 마음속에 긍정적인 믿음을 품지 않았기 때문이다. 마음은 실험실 같아서 믿음을 가지고 있다면 당신이 원하는 것을 만들어낼 수 있다는 것을 기억하기 바란다.

나는 미래의 가능성이 과거에 성취한 바에 비할 바가 아니라는 것을 굳게 믿고 있다. 아직 발견되지 않은 기적들이 이미 우리가 이미 봤던 기적들보다 훨씬 더 많다는 것을 믿는다.

간디, 라이트 형제, 아인슈타인, 에디슨, 포드와 그 밖의 셀 수 없이 많은 위인들이 어떻게 기적을 이뤄내고, 세상을 변화시켰는지를 생각해 보라.

그들은 실패를 할 때도 자신의 능력을 한계 속에 가두지 않고 다시 도전하면 반드시 성공하리라는 믿음을 가졌기 때문에 그런 기적을 이루어낼 수 있었다. 이처럼 자신의 능력에 대한 믿음은 기적을 낳는다.

믿음은 원하는 바에 대한 시각화와 그것을 성취하겠다는 신념을 의미한다. 믿음은 부와 다른 가치 있는 것들의 성취를 추구하는 데 있어서 가장 중요한 원칙 중의 하나다.

믿음에 의해 자극받고 감성적으로 변한 모든 생각은 곧바로 그 생각에 대응하는 실체로 전환되기 시작한다.

자신이 가난과 실패라는 상황에 내몰렸고 그 상황에서 벗어날 길을 찾을 수 없다고 믿고 있다면 그는 가난과 실패의 굴레에서 헤어나올 수 없다. 부정적인 생각을 가졌기 때문에 그런 불행이 초래됐다는 사실을 알지 못한 채 계속 부정적인 생각에 갇혀 있기 때문이다. 그 생각을 버리고 할 수 있다는 생각을 가질 때 비로소 부와 성공의 길로 접어들 수 있는 것이다.

실제로 목표를 이룰 수 있다는 확실한 믿음을 갖고 나아갈 때 목표를 성취할 수 있다.

마음속에 믿음을 갖는 것이 중요하다. 그리고 그에 맞는 행동도 취해야 한다. 어떤 사람은 "그냥 믿기만 하라"고 얘기하기도 한다. 하지만 단순히 어떤 일이 일어날 것이라고 믿기만 하는 것으로는 불충분하다. 의미 있는 결과를 성취하기 위한 계획을 마음속에 새기고, 거기에 상응하는 행동을 취해야 한다.

믿음은 우리 사고에 생기와 힘, 실행력을 부여하는 만고불변의 마법이다.

믿음은 모든 부를 축적하는 데 있어서의 출발점이다.

믿음은 실패에 대한 유일한 해결책이다.

믿음은 과학으로 설명할 수 없는 모든 기적과 신비한 일의 근거다.

믿음은 간절히 원하는 생각이 마음에 의해 고양되며 행할 수 있는 힘을 준다.

믿음은 어떠한 고난과 역경도 인내하며 이길 수 있게 한다.

오늘 우리의 삶은 어제 우리가 마음속에 품었던 생각, 믿음의 결과물이다. 무엇을 믿고 행하는가가 오늘을 만든다. 가능하다고 믿으면 가능하게 되고, 불가능하다고 믿으면 불가능하게 된다.

그렇다면 무엇을 믿을 것인가? 원하는 바가 이루어질 것을 믿어라. 믿으면 능치 못함이 없다. 자신을 믿고 나아가라. 이룰 수 있을 것이다.

다음은 월터 윈틀(Walter D. Wintle)의 〈할 수 있다고 생각하는 사람(The Man Who Thinks He Can)〉이라는 시다.

실패했다고 생각하면
이미 실패한 것이다.
할 수 없다고 생각하면
할 수 없을 것이다.

이기고 싶지만 이길 수 없다고 생각하면
진 거나 다름없다.
질 거라고 생각하면
이미 진 것이다.

우리가 이 세상에서 발견한 진리는
성공은 자신의 의지에 의해 시작되는 것이며
이 모두가 마음 상태의 문제라는 것이다.

뛰어나다고 생각하면
뛰어난 것이다.
승리의 영광을 받고자 한다면
스스로에 대해 자신감을 가져라.
그러면 상을 타게 될 것이다.

삶의 전쟁에서의 승리는

항상 강하거나 빠른 자에게만 돌아가지 않으니

결국 싸움에서 이기는 사람은

할 수 있다고 믿는 사람이다.

> 누가 할 수 없다고 말했는가?
> '불가능'이라는 단어를
> 그렇게 쉽게 사용하면서도
> 성공할 수 있기를 바라는가?
> 그것이야말로 불가능한 일이다.

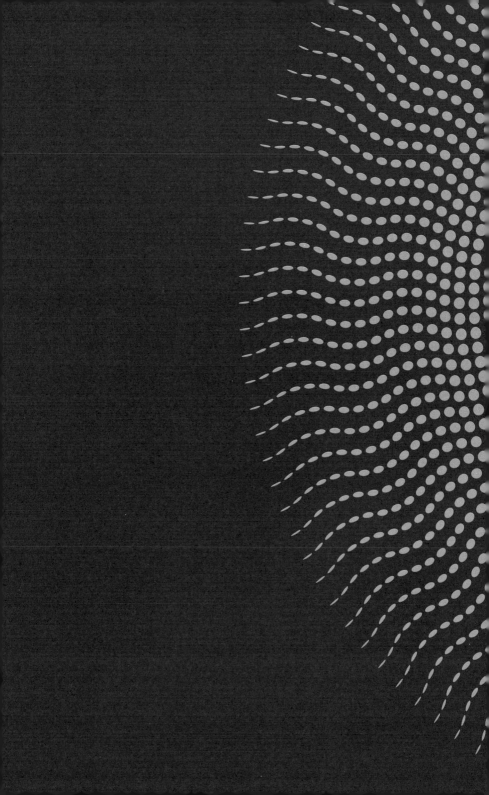

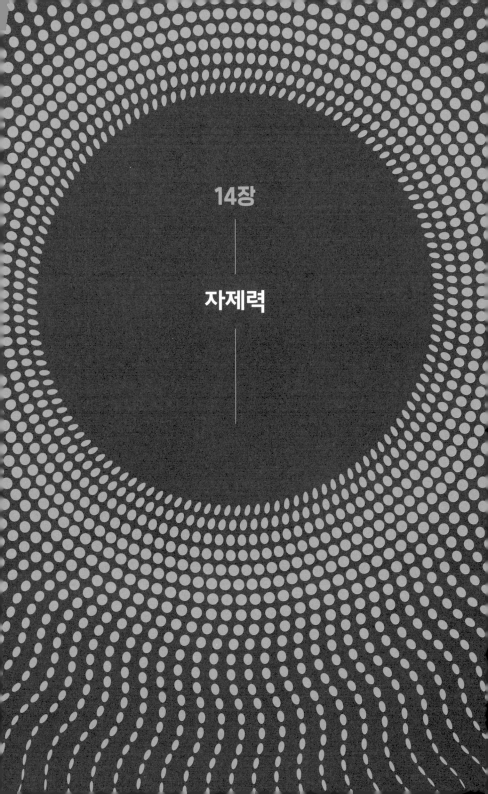

14장

자제력

사람들이 당신에게 보내는 신뢰만큼 위대한 자산은 없다.

약속을 어기거나 거짓말을 함으로

신뢰에 구멍을 내지 말라.

꼭 해야만 해서가 아니라,

당신이 하겠다고 약속을 했으면 그대로 하라.

그러면 당신에 대한 평판이 높아지고

두터운 신뢰가 쌓일 것이다.

_ 나폴레온 힐

자제력 없이는
아무것도 이룰 수 없다

성공에 자제력만큼 중요한 요소도 없다. 자제력은 마음의 주인이 되는 것을 의미한다. 이 원칙을 마스터하면 값을 매길 수 없을 정도의 큰 혜택을 받게 된다. 여기에 그 혜택의 일부를 소개한다.

- 상상력이 더 풍부해질 것이다.
- 열정이 더 뜨거워질 것이다.
- 주도권이 더 살아날 것이다.
- 자립심이 더 강해질 것이다.
- 비전의 폭이 더 넓어질 것이다.
- 세상을 다른 관점에서 보게 될 것이다.
- 인간성이 더 좋아지고 더 매력적이 될 것이다.

- 희망과 야망이 더 커질 것이다.
- 신뢰가 더 두터워질 것이다.

감정은 마음의 상태다. 따라서 당신의 통제와 지시를 받아야 한다. 당신은 다음의 일곱 가지 긍정적인 감정들을 고양시킬 수 있을 것이다.

- 사랑
- 배려
- 희망
- 신뢰
- 열정
- 믿음
- 욕구

또한 다음과 같은 일곱 가지 부정적인 감정들을 제어할 수 있을 것이다.

- 두려움
- 낙심

- 미움
- 복수심
- 욕심
- 분노
- 의심

감정이 대다수 사람의 삶을 좌지우지할 뿐만 아니라 세상을 좌지우지한다는 사실을 깨닫게 되면 감정 통제가 더욱더 중요하다는 사실을 알게 될 것이다. 습관은 나쁜 습관이든 좋은 습관이든 상관없이, 매일매일 자동적으로 반복되는 행동이다.

자제력은 나쁜 습관을 버리고 좋은 습관을 받아들이는 일이다. 당신이 진정 누구이고, 무엇을 하는지는 습관의 결과물이다.

가장 중요한 습관은 생각의 습관이다. 생각의 습관은 행동을 통해서 나타난다. 생각의 습관을 통제한다는 것은 자제력을 발휘하는 길에 들어섰음을 의미한다.

확실한 동기는 생각의 습관의 출발점이다. 명확한 동기가 결여된 자제력은 존재할 수 없고 무가치하기까지 하다. 왜냐하면 행동을 취할 목표가 없기 때문이다. 동기가 없이 어떤 일을 하는 사람은 없다.

이성이 결여된 감정은 가장 큰 적이라고 한다. 성공하기를 원하는 사람은 이성과 감정을 균형 있게 사용해야 한다. 어떤 일을 하는 것 같은 느낌 없이 하루가 지나간다면, 이성이 그 일을 해서는 안 된다고 말하고 있는 것이다.

이성적인 두뇌와 감정적인 심장에게는 주인이 필요하다. 두뇌와 심장은 의지력을 가진 주인을 찾아낼 것이다. 의지력을 통해 행동하는 에고(ego)는 재판장처럼 행동한다. 하지만 오로지 자제력을 통해 일을 하도록 에고를 계획적으로 훈련시킨 사람만을 위해서 그렇게 한다. 이런 자제력이 없으면 에고는 이성과 감정이 제멋대로 서로 싸우도록 내버려둔다. 마음속에서 그런 싸움이 일어나고 있는 사람은 종종 심한 상처를 입는다.

재판장이나 심판이 없이 진행되는 이런 내부 갈등 때문에, 수많은 사람이 자신의 문제를 풀지 못하는 상황에 봉착한다. 이런 문제 때문에 사람들이 정신과 의사를 찾는 것이다. 이런 갈등이 오늘날 우울신경증을 증가시키는 원인으로 작용한다.

다시 말해서 우리 문화가 점점 더 복잡해질수록 자제력의 필요성은 점점 더 커지고, 우리 마음의 자제력이 점점 더 요구되는 것이다.

14장
자제력

항상 자제력을 강하게 발휘해야 하는 네 가지 항목은 다음과 같다.

- 먹을 것과 마실 것에 대한 욕구, 즉 식욕
- 마음 자세
- 시간 사용
- 명확한 목표

많은 사람이 첫 번째 항목인 먹을 것과 마실 것에 대한 욕구에 대해 충분한 자제력을 발휘하지 못하고 있다. 육체적, 정신적 활동을 위해 필요한 영양분 이상을 섭취하면 신체 기관에 부담을 주고, 지방으로 축적될 뿐이다. 특히 중년 이후의 과도한 지방 섭취는 효율을 저하시키고, 수명을 단축시키는 위험성을 갖고 있다.

알코올성 음료를 마시는 데도 똑같은 원리가 작용한다. 지나친 음주는 삼갈 필요가 있다. 그렇지 않으면 재앙과 실패를 맛보게 될 것이다.

그럼에도 불구하고 늘 자제력 부족으로 식욕에 지고 만다.

조물주가 이 세상의 모든 것 중에서 가장 중요한 권리를 당신에게 부여했다. 그게 바로 두 번째 항목인 마음 자세를 통제할 권리다. 세상 모든 일에 있어서 마음 자세는 아주 중요하다. 왜냐하면 삶 전체를 통해서 봤을 때 긍정적인 마음 자세를 가져야 원하는 것을 얻을 수 있고, 다른 사람의 협조를 이끌어낼 수 있기 때문이다.

부정적인 마음 자세를 품으면 원하지 않는 것들을 끌어당길 수도 있다. 이 원리를 무시하면 마음속에 잡초가 무성하게 자라날 것이다.

반대로 긍정적인 마음 자세를 가지려고 노력하면, 삶에서 원하는 것들을 끌어당길 수 있다.

그리고 사람이 살아가는 데 가장 필요한 특성 중의 하나인 다른 사람들과 잘 지내는 능력이 마음의 프레임, 즉 긍정적인 마음 자세에 의해 결정된다는 것도 중요한 의미를 갖는다.

세 번째 항목은 시간이다. 놀랍게도 우리는 시간을 어떻게 보내야 하는지를 아는 게 얼마나 중요한지 잘 모르고 있다. "시간을 낭비하는 것은 죄악이다"라는 격언이 있다. 이 격언은 너무나 중요한 사실을 잘 전달하고 있다.

나는 당신에게 시간을 어떻게 보내야 하는지 말해줄 수는 없지만, 시간은 당신이 가진 가장 소중한 자산이라는 점은 꼭 말하고 싶다. 이는 은행에 저축해 둔 돈을 올바로 잘 사용해야 하는 것과 같다. 시간은 엄격한 자제력을 통해 사용해야 하며, 허비해서는 안 된다. 돈보다 더 아끼고 소중히 여겨야 하는 것이 시간이다.

그런데도 시간을 하찮게 여기는 사람이 많다. 시간은 현명하게 소비할 수만 있을 뿐, 저축할 수는 없다. 한 번 지나가면 다시는 되돌릴 수 없는 시간인 만큼 소중하게 사용해야 한다.

대부분의 사람은 평균적으로 하루에 여덟 시간 동안 일한다. 잠자는 데도 대략 여덟 시간이 필요하기 때문에, 결국 좋아하는 일에 투자할 수 있는 시간은 나머지 여덟 시간뿐이다.

이 시간을 어떻게 사용하느냐가 삶의 성공과 실패를 가르는 차이를 만든다. 이 점을 명심하고 24시간에 대한 활용 계획표를 잘 작성해야 한다.

시간 배분은 아주 중요하다. 시간 배분을 하면, 그렇지 않았을 때 허비했을 시간의 양을 파악할 수 있다. 또한 명확한 목표가 시간의 활용에 부합하는지도 알 수 있게 된다.

네 번째는 명확한 목표다. 명확한 목표와 그 목표를 이루기 위한 방법을 가지고 있지 않다면, 무엇을 해야 하는가 하는 문제가 항상 마음속에 떠돌게 된다. 자신의 능력을 분석하고, 목표와 계획을 작성하는 데는 많은 시간과 생각, 에너지가 요구된다. 그리고 원하는 것을 얻는 데 필요한 아이디어를 훈련시키는 것도 필요하다. 무엇을 원하는지, 또 어디로 가야할지 마음의 갈피를 잡지 못하고 있으면, 무한 지성을 포함한 어떠한 힘도 도움을 줄 수 없다는 사실을 기억해야 한다.

그 점을 확실하게 보여주는 스토리를 소개하고자 한다.

25센트짜리 바구니와 한 줌의 바나나밖에 없는 한 사내가 있었다. 성공한 비즈니스맨이 되겠다는 명확한 목표를 제외하고는 그가 가진 것의 전부였다.

그는 행상을 시작했는데, 그날 바나나를 잘 팔면 끼니를 때울 수 있었지만 바나나를 다 팔지 못하면 굶어야 할 정도로 가난했다. 하지만 목표를 세우고 열심히 일했다. 오래지 않아 작은 손수레를 살 수 있을 정도의 돈을 벌었다. 그는 손수레에 바나나 외에 오렌지, 포도, 배 등을 싣고 팔았다. 그후 주차장 근처에 있는 오막살이에 작고 초라한 가게를 열었다. 그 다음에는 주차장을 임대해서 그 위에 건물을 지었다. 그리고는 그 주차장 건물을 완전히 매입하여, 현대식 상가 건물을 짓고 비즈니스를 시작했다. 얼마 지나지 않아 샌프란시스코 번화가에 이탈리아 은행(Bank of Italy)을 세웠다. 그리고 위대한 뱅크 오브 아메리카(Bank of America)라는 세계에서 가장 큰 금융회사의 수장이 되었다. 그가 바로 아마데오 지아니니(Amadeo Giannini)다.

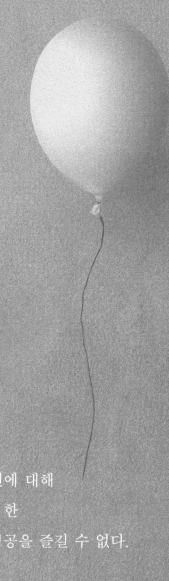

모든 실수의 진짜 원인에 대해
성찰을 시작하지 않는 한
어느 누구도 영원한 성공을 즐길 수 없다.

이 스토리는 과장됨이 없는 실화다. 이런 일이 가능했던 이유는 이 불쌍한 행상인이 그의 목표에 맞는 명확한 목표, 인내심, 신뢰, 자제력을 가지고 있었기 때문이다.

우리는 최소한 지아니니보다는 재정적으로 나은 상황일 것이다. 그리고 여기서 제시하는 성공 철학에 대해서도 알고 있다. 그러므로 그보다 성공하지 못할 이유는 하나도 없다. 그보다 더 크게 성공하고 더 큰 부자가 될 수 있다.

성공하기 위해서는 그에 따른 대가를 지불해야 한다. 어느 누구도 공짜로 얻을 수는 없다. 내 주위에 친척도, 친구도 아무도 없던 적이 있었다. 계모만 있을 뿐이었는데 그녀는 나를 격려하려는 시늉조차도 내지 않았다. 사람들은 나에게 아무런 관심도 없었고, 땡전 한 푼 갖고 있지 않던 내가 성공에 대한 이야기를 할 때 아무도 귀기울이지 않았다.

나는 20년 동안 극도의 자제심을 발휘했다. 내 성공 철학에 대한 이야기를 무시하는 사람들의 무관심을 참고 견뎌내려고 자제력을 발휘해야만 했다. 나는 이 힘든 시기를 견뎌낼 수 있도록 충분한 자부심과 자제력을 발휘해야만 했다.

당신이 누구이고, 어디서 처음 시작하는지에 상관없이, 해결할 수 없을 것 같은 걸림돌을 만나게 될 것이다. 나는 내 성공 철학에 대해 가르쳤던 첫 수업을 잘 기억하고 있다. 그 수업은 여섯 명이 수강했는데, 수업이 끝나기도 전에 네 명이 내 앞을 지나 걸어나갔다. 그 중의 한 학생은 나의 수업이 돈을 지불할 가치가 없다고 말하기까지 했다.

그처럼 안 좋은 상황을 극복하기 위해서는 시작단계에서 자제력을 가져야 한다. 취향과 삶의 기준을 바꿔서 현재 처한 상황에 맞춰야 한다. 더 많은 것들을 가질 때까지.

그런 절망적인 상황을 피하는 가장 좋은 방법은 당신과 진정한 공감을 나눌 수 있고, 당신의 철학을 이해하는 사람에게만 비밀을 털어놓는 것이다.

계획을 세웠다면 어떤 일이 있어도 흔들리지 말고 행동으로 보여줘야 한다. '말이 아니라 행동'이라는 모토를 받아들여라. 이는 에디슨의 모토이기도 하다. 이 모토가 에디슨과 같은 위인의 비전에 잘 들어맞았다면, 우리 모두에게도 유익한 모토가 될 것이다.

나는 한때 요란스럽고 화사한 옷을 입은 사람을 좋아하지 않았다. 그런데 그 문제를 개선하기 위해 내가 뭘 했는지 아는가? 그 사람들의 느낌을 알기 위해 나 스스로가 그런 종류의 옷을 입기 시작했다. 다른 사람의 관점에서 바라봄으로써, 동일한 환경 하에서는 나도 그 사람과 똑같은 반응을 보인다는 사실을 알게 되었다.

긍정적인 마음의 프레임으로 들어가서, 나와 다르다는 이유만으로 다른 사람을 비난하거나 싫어하는 것을 그만 두면, 이 세상은 살아가기에 더 아름답고 우호적이라는 것을 알게 될 것이다.

만약 다른 사람들이 당신의 길을 이해하고, 당신과 협력하도록 하고 싶다면, 먼저 당신이 그들을 끌어당길 수 있도록 올바른 마음 프레임을 가져야 한다. 그러면 놀랍게도 그들도 빠르게 당신에 대한 태도를 바꿀 것이다.

자제력은 마음을 조직화하는 절차로, 다음의 여섯 가지 부분으로 구성되어 있다. 각 개인이 통제할 수 있는 마음의 여섯 가지 부분은 다음과 같다.

1. 에고 - 의지력이 자리하는 좌석이다. 마음의 다른 부분이 해놓은 일을 완전히 반전시키고, 수정하고, 바꾸는 전적인 힘을 갖는 대법원의 역할을 수행한다.

2. 감정적인 능력 – 생각, 계획, 목적을 행동으로 변화시키는 원동력을 만들어낸다.

3. 이성적인 능력 – 이미지와 감정에 의한 생성물을 계량하고, 측정하고, 적절하게 평가할 수 있다.

4. 상상하는 능력 – 아이디어, 계획, 최종적으로 원하는 것을 얻는 방법을 찾을 수 있다.

5. 양심 – 생각과 계획, 목적에 대한 도덕적인 정당성을 테스트해볼 수 있다. 양심은 행동과 동기를 도덕적 기준에 따라서 결정하는 능력이다. 양심은 훌륭한 동반자요 안내자가 된다.

6. 기억 – 모든 경험의 기억 장치이고, 모든 감각에 의한 지각과 무한 지성의 영감을 저장하는 보관함이다.

이런 마음의 부분들이 조직화되고 자제력에 의해 적절하게 조화되면, 다른 사람들의 반대를 최소화하면서 삶의 길을 잘 찾아갈 수 있게 된다.

진정한 힘의 자리인 에고는 강해야 한다. 나의 경우를 예로 들어 설명해 보겠다. 나폴레온 힐이라는 에고 주위에 상상의 방어벽 세 겹이 있다고 생각해 보자. 가장 바깥으로부터 시작해서 안으로 향하면서 작업을 해보자.

첫 번째 벽은 나로부터 충분히 높은 위치에 존재한다. 따라서 이 첫 번째 벽으로 인해 나와 관계없는 사람들은 내 시간을 빼앗지 못한다. 하지만 그 벽에는 여러 개의 문이 있어서, 그 중 하나의 문으로 들어가는 것이 어렵지 않다. 만약 어떤 사람이 내 시간에 대해 합당한 권리를 주장할 수 있다면, 내가 그 문들 중의 하나를 열어서 그를 들어오게 할 것이다. 하지만 그가 그 권리에 대한 정당성을 증명해야 한다.

그 다음 벽은 훨씬 더 크고 그 안에 문이 하나밖에 없다. 그 문은 매우 가까이 보인다. 그 문을 통해서 들어오는 사람들의 수는 비교적 적다. 어떤 사람이 그 문을 열고 들어오려면 내가 원하는 것을 갖고 있거나, 우리가 공유하거나 상호 도움이 될 무언가를 갖고 있다는 사실을 증명해야만 한다.

세 번째이면서 마지막 벽은 너무 커서 조물주 외에는 이 세상 어느 누구도 그 크기를 재본 적이 없고, 그 안에는 문도 전혀 없다. 내 아내마저도 그 벽 안으로 들어오도록 허락받은 적이 없다. 왜냐하면 그 벽이 나의 에고를 둘러싸고 있고, 보호하고 있기 때문이다.

만약 당신이 에고와 인격을 열어서 누군가 그 벽을 통해 드나들도록 용인하고 당신 삶에 영향을 끼치도록 하게 되면, 그들은 허용된 것 이상의 많은 것들을 빼앗아가고, 당신이 가져서는 안 될 것들을 거기에 갖다놓을 것이다.

나는 당신이 마음 주위에 방어벽을 치고, 무한 지성과 방해받지 않고 소통할 수 있는 당신만의 장소를 확보하기를 권한다.

에고만이 우리가 통제해야 할 요소는 아니다. 우리는 마음의 두 번째 부분인 감정적인 능력도 통제해야 한다. 이게 중요한 이유는 심장의 감정과 머리의 판단력, 즉 느낌과 이성적 능력 사이의 균형이 필요하기 때문이다. 이 둘의 균형을 맞추면서 맞닥뜨린 문제를 해결한다면, 만족스런 해결책을 얻을 수 있을 것이다.

그리고 감정에는 고려해야 할 또 다른 측면이 있다. 감정은 낙담과 실패로 인해 마음속에 큰 상처를 입기도 하고, 금전적 손실, 친구나 사랑하는 사람을 잃어서 생기는 상심으로부터 큰 영향을 받기 때문이다.

자제력만이 이런 문제들에 대한 유일한 해결책이다. 자제력은 풀 수 있는 문제냐 아니냐의 두 가지 종류가 존재한다는 사실을 인식하는 것에서부터 시작한다. 풀 수 있는 문제라면 가장 실질적인 방법들을 동원해서 곧바로 해결해야 한다. 풀 수 없는 문제라면 마음속에서 몰아내고 잊어버려야 한다.

자제력은 모든 감정을 온전히 통제하는 것을 의미한다. 자제력은 과거의 모든 불쾌한 경험과 당신 사이에 있는 문을 닫아버리는 것이다. 그 문을 꽉 닫고 단단히 잠가 다시는 그 문이 열리지 않도록 해야 한다.

자제력이 결여된 사람은 그 문을 닫고 미래를 바라보는 것이 아니라 문간에 서서 아쉬운 듯이 과거를 뒤돌아본다. 문을 닫고 잠그는 행동에는 타협점이 있을 수 없다. 잊고 싶은 것들을 문밖에 두고 다시는 쳐다보지 않는 의지가 있어야 한다. 그렇지 않으면 자제력을 얻지 못할 것이다.

자제력은 모든 종류의 두려움에 대해 문을 단단히 닫아걸고, 희망과 신뢰에는 문을 활짝 열 것이다. 시기심에 대해서는 문을 단단히 닫아걸고, 사랑에는 새로운 문을 활짝 열 것이다. 뒤를 돌아보지 않고 앞을 바라보게 한다. 낙담과 두려움을 차단하고 희망으로 담대하게 나아가게 한다. 부정적인 마음을 내쫓고 긍정적인 마음을 심어준다. 흐트러진 마음을 잘 정돈하고, 깨끗하고 정돈된 마음 자세를 유지하게 한다. 나태하고자 하는 마음을 뒤로 하고, 해야할 일을 향해 한 발 더 나아가고자 하는 열정의 마음을 갖도록 한다. 마음 자세를 가다듬고, 모든 혼란스러운 마음을 깨끗이 잊고 날려버리는 것이 진정한 자제력이라고 할 수 있다.

자제력 없이는 아무것도 이룰 수 없다. 나는 자제력을 발휘하기 위해 다음과 같이 매일 되뇌며 신념을 확고히 하고 있다.

"나는 자제력이 마음의 모든 부분을 총괄한다는 것을 잘 알고 있다. 내가 세운 목표 달성하기 위해서 매일 자제력을 단련하고, 행동으로 옮기는 습관을 기르고자 노력한다.

감정이 긍정적이기도 하고 부정적이기도 하다는 사실을 생각하면서, 긍정적인 감정은 개발하도록 돕고, 부정적인 감정은 유용한 형태로 바꾸는 습관을 매일 만들어 갈 것이다.

감정이 통제되지 않고, 원하는 결과로 유도되지 않는다면, 긍정적인 감정이나 부정적인 감정 둘 다 위험할 수 있다는 사실을 생각하면서, 원하는 결과로 인도하는 이성의 안내를 따를 것이다.

좋은 계획의 필요성과 목표 성취를 위한 아이디어에 대해 생각하면서, 매일 계획을 작성할 때마다 상상력을 발휘함으로써 계속 개발해 나갈 것이다.

감정이 가끔 과잉 열정에 휩싸이기도 하고, 이성은 정의와 자비를 조합해서 판단을 내리는 데 필요한 따스한 감성이 없다는 사실을 생각하면서, 무엇이 옳고 그른지에 대해 양심의 지침을 따를 것이다.

순간적으로는 양심을 거부할 수 있다. 하지만 양심을 무시하거나 양심의 충고를 따르지 않으면서 모욕하면, 나쁜 행동을 사주하는 범죄 공모자나 범죄자가 된다. 판단을 내리는 데 있어서 어떤 대가를 치르더라도 양심을 저버리지 않을 것이다.

기억의 중요성을 생각하면서, 되살리고 싶은 모든 생각들로 기억을 또렷하게 만들 것이다. 또한 그 생각들과 자주 기억나는 관련 주제들을 결부시킴으로써, 기억이 초롱초롱한 상태로 유지되도록 할 것이다.

잠재의식이 자제력에 미치는 영향을 생각하면서, 명확하고 확실한 삶의 목표와 그 목표를 이루는 데 도움 되는 모든 부수적인 목표에 대한 그림에 잠재의식이 따르도록 만들 것이다. 또한 이 과정을 반복함으로써 이 그림이 잠재의식 앞에 계속 위치하도록 할 것이다."

자제력은 성공과 부에 대한 과학적 원칙들 중 가장 중요한 요소다. 왜냐하면 자제력이 없으면 다른 원칙들은 작동이 되지 않기 때문이다. 자제력은 성공 요소 중 가장 핵심적인 요소다.

자제력은 건물의 디딤돌, 주춧돌이다.
자제력이 없으면 그 구조물은 무너질 것이다.

14가지 원칙을 지켜 성공과 부를 이루라

나폴레온 힐 재단(이하 재단)의 이사들은 여러분이 성공의 결실을 누리고 즐기기를 희망한다.

이 책은 전적으로 나폴레온 힐에 의해 쓰여졌다.(간략하고 명확한 표현을 위해 재단에서 편집하긴 했지만) 이 책의 많은 부분은 수년 동안 출간되지 않았던 새로운 원고다. 그동안 출간되지 않았던 원고는 재단의 기록보관소에서 나왔다.

나폴레온 힐의 가장 위대한 저서인 《놓치고 싶지 않은 나의 꿈 나의 인생(Think and Grow Rich)》은 대공황 때 쓰여졌기 때문에, 금전적인 부와 성공에 초점이 맞춰져 있다. 그러나 그의 후기 저서들은 다른 사람을 돕거나 조화로운 가정생활로부터 오는 부와 같은 형태의 성공에 대해 강조하고 있다.

나폴레온 힐의 모든 저서는 여러 종류의 성공을 설명하고 또 성공 성취에 대한 이정표를 제공하고자 하는 목적을 가지고 있다. 이 책은 진정한 부자, 진정한 성공자가 되는 길에 대해 설명했다.

그 비결은 헌신과 봉사, 명확한 목표, 꿈과 도전, 집중력, 시간 배분, 협동, 황금률, 끌어당김의 힘, 긍정적인 마음, 돈을 가치있게 사용하는 것, 노력, 자기암시, 믿음, 자제력 등이다.

이 원칙은 나폴레온 힐이 평생 동안 연구하면서 알아낸 성공의 핵심적 원칙이다. 이 원칙을 잘 지킨다면 당신이 원하는 것을 이뤄낼 수 있을 것이다. 이 책이 설명한 열네 가지 원칙을 잘 지켜 부와 성공을 거머쥐길 기대한다.

돈 M. 그린 (나폴레온 힐 재단 전무이사)

나폴레온 힐의 성공 철학

초판 1쇄 인쇄·2020년 1월 2일
초판 1쇄 발행·2020년 1월 15일

지은이·나폴레온 힐
옮긴이·김송호
펴낸이·이종문(李從聞)
펴낸곳·국일미디어

등록·제406-2005-000025호
주소·경기도 파주시 광인사길 121 파주출판문화정보산업단지(문발동)
영업부·Tel 031)955-6050 | Fax 031)955-6051
편집부·Tel 031)955-6070 | Fax 031)955-6071

평생전화번호·0502-237-9101~3

홈페이지·www.ekugil.com
블로그·blog.naver.com/kugilmedia
페이스북·www.facebook.com/kugillife
E-mail·kugil@ekugil.com

· 값은 표지 뒷면에 표기되어 있습니다.
· 잘못된 책은 구입하신 서점에서 바꿔드립니다.

ISBN 978-89-7425-658-6(13320)